# Liebevolle Geschenkideen

LANDLEBEN *einfach* GENIESSEN

# Liebevolle Geschenkideen

Marlies Busch

tandem.VERLAG
print line

# Inhalt

PESTO
PESTO

# Geschenke machen Stimmung

Nehmen wir Novalis beim Wort: „Was wir im Sommer ernten, wird uns im Winter ein Geschenk sein." Wir kochen und backen, legen Obst und Gemüse in Öl oder Alkohol ein und erhalten so wunderbare Geschenke. Sie dürfen auch gerne schon im Sommer verschenkt werden. Schön verpackt und liebevoll präsentiert schaffen die kleinen Gaben freudige Stimmung.

# Vorwort

Schenken ist die Grundlage unserer Zivilisation, denn durch Geschenke festigen wir soziale Kontakte, bereiten anderen eine Freude und zeigen ganz allgemein unsere Liebe und Zuneigung. Was gibt es Schöneres als ein liebevoll ausgesuchtes Geschenk?

Eigentlich widerspricht es der wirtschaftlichen Vernunft, etwas freiwillig herzugeben, ohne auf Gegenleistung hoffen zu können. Schenken ist aber aus unserer Gesellschaft nicht wegzudenken. Wer ein Geschenk als Antwort auf ein vorangegangenes Geschenk sieht, hat das Prinzip nicht verstanden. Es wird ihm gehen, wie einst den kanadischen Indianerstämmen, die beim Fest des Schenkens, dem „Potlatsch", sich gegenseitig übertrumpften bis zum vollständigen Ruin.

Um solch eine Geschenkeschlacht zu vermeiden, habe ich mich um die liebevollen kleinen Geschenke gekümmert, die Sie auf den folgenden Seiten vorgestellt bekommen. Sie kosten nicht viel Geld, sondern beanspruchen nur etwas Zeit – und das ist mittlerweile das Wertvollste, was wir zu verschenken haben.

*Was wir im Sommer ernten,*
*wird uns im Winter ein Geschenk sein.*
Novalis

# Geschenke aus der Küche

Über diese kleinen kulinarischen Köstlichkeiten freut sich wirklich jeder – denn die Geschenke aus der Küche sind immer beliebt. Und sie sind schnell zubereitet, auch wenn man keinen eigenen Garten hat und die Zutaten auf dem Markt kaufen muss. Konfitüren, kleine Kuchen oder selbst angesetzter Essig kommen bei allen gut an und sind ideale Mitbringsel bei einer Einladung zum Essen. Der ideelle Wert ist hoch, denn es macht viel Mühe und kostet Zeit, sich in die Küche zu stellen und zu backen, einzukochen oder Liköre anzusetzen.
Meine Ideen für die kulinarischen Geschenke sind breit gefächert, bunt und vielfältig – Sie finden sicher etwas für jeden Anlass. Hübsch verpackt, mit originellen Anhängern versehen, stehlen sie jedem gekauften Geschenk die Show.

# Rhabarberkonfitüre

ZUTATEN

1 kg Rhabarber
1 kg Zucker
1 Päckchen Vanillezucker oder
1 Vanilleschote
1 Prise Salz

So kann man den Frühsommer ins Glas packen und die herrliche Fruchtigkeit des Rhabarbers einfangen. Die Konfitüre schmeckt köstlich zu Desserts, Kuchen und natürlich auf dem Brot und wird gerne verschenkt.

■ Den Rhabarber putzen, die Schalen und Abschnitte aber nicht wegwerfen, daraus kann man einen ganz wunderbaren Sirup herstellen (Rezept Seite 20).

■ Die Stangen klein schneiden, waschen und zusammen mit dem Zucker, dem Vanillezucker bzw. dem ausgekratzten Mark der Vanilleschote und dem Salz in einen Topf geben. Gut umrühren und etwa 1 Stunde stehen lassen, damit der Rhabarber Saft zieht.

■ Anschließend alles unter Rühren erhitzen und so lange auf niedriger Stufe köcheln, bis der Rhabarber zerfällt. Noch heiß in saubere Gläser füllen, diese verschließen und auf dem Kopf stehend abkühlen lassen. Die Konfitüre hält sich 3–4 Monate.

# Stachelbeerkonfitüre

ZUTATEN

1 kg Stachelbeeren
200 ml Apfelsaft
1–2 EL Zitronensaft nach Geschmack
500 g Gelierzucker (2:1)

Der Apfelsaft mildert die Säure der Stachelbeeren und bringt noch eine interessante Note in die Konfitüre, wobei die grünen Stachelbeeren etwas saurer sind als die roten. Wer es eher süß mag, darf gerne den Zitronensaft weglassen. Die Stachelbeerkonfitüre ist immer eine nette Geschenkidee.

■ Die Stachelbeeren putzen und zusammen mit dem Apfelsaft, dem Zitronensaft und dem Gelierzucker in einen Topf geben.

■ Alles unter Rühren aufkochen und 3–4 Minuten sprudelnd kochen. Dann die Gelierprobe machen und die Konfitüre in saubere Gläser füllen. Umgedreht 5 Minuten auf ein Küchentuch stellen und abkühlen lassen. Hält sich gekühlt gut 3–4 Monate.

# Brombeer-Apfel-Konfitüre

### Zutaten

500 g Äpfel
1 Bund Thymian
50 ml Wasser oder Apfelsaft
500 g Brombeeren
500 g Gelierzucker (2:1)

Die Kombination von Brombeeren und Äpfeln zusammen mit Thymian macht diese Konfitüre zu etwas ganz Besonderem. Und man sollte ja immer nur verschenken, was man selbst gerne hätte.

■ Die Äpfel schälen, entkernen und in Würfel schneiden. Mit dem Thymian und dem Wasser oder Apfelsaft zusammen aufkochen, bis daraus ein Apfelmus entsteht.

■ Die Thymianzweige herausnehmen und das Apfelmus mit den zerdrückten Brombeeren und dem Gelierzucker mischen. Einige Stunden ziehen lassen.

■ Dann alles etwa 4–5 Minuten sprudelnd kochen. Die Gelierprobe machen, die Konfitüre in saubere Gläser füllen und diese verschlossen einige Minuten auf den Kopf stellen. Die Konfitüre ist 3–4 Monate haltbar.

# Pfeffrige Birnen-konfitüre

## Zutaten

1 kg Williams-Birnen
je 1 EL Zitronen- und Orangensaft
abgeriebene Schale von je 1 unbehandelten Zitrone und Orange
80 g frischer Ingwer
1 EL Szechuan-Pfeffer
700 g Gelierzucker (2:1)
200 g abgezogene Mandeln

Eine pfiffige Idee ist diese Birnenkonfitüre, die besonders gut zu Wild oder Käse, aber auch zu Crêpes passt.

■ Die Birnen vierteln, schälen, entkernen und in Würfel schneiden. Mit dem Saft und den Schalen von Zitrone und Orange mischen. Den Ingwer schälen, in dünne Scheiben schneiden und zusammen mit dem Pfeffer und dem Zucker über die Früchte geben. Alles mindestens 1 Stunde ziehen lassen.

■ Anschließend aufkochen und bei starker Hitze unter ständigem Rühren etwa 5–10 Minuten einkochen, bis die Konsistenz dicklich wird, dann die Mandeln hinzufügen.

■ In noch heiße, saubere Gläser füllen und sofort verschlossen einige Minuten auf den Kopf stellen.

## Variation

Mit Sternanis verfeinert bekommt die Birnenkonfitüre eine frische Note.

# Pfefferkirschen mit Zimt und Nelken

### Geschenkidee

Mit einer hübsch dekorierten Schriftrolle, die das Geheimnis des Rezepts hütet, kann die Pfefferkirsche zu einem reizenden Mitbringsel werden.

### Zutaten

1 kg Süßkirschen
100 ml Rotweinessig
200 ml Rotwein
3 EL rosa Pfefferkörner
300 g Zucker
1 Zimtstange
3 Gewürznelken

Sie sehen nicht nur schön aus, die runden Kirschen im Einmachglas, sie sind auch noch ganz köstlich und ein heißbegehrtes Mitbringsel, wenn man eingeladen ist.

■ Die Kirschen waschen und entsteinen, mit den übrigen Zutaten mischen und mit einem Teller beschwert über Nacht ziehen lassen.

■ Am nächsten Tag die Kirschen in ein Sieb gießen und dabei den Saft auffangen. Den Saft auf die Hälfte einkochen, die Kirschen aus dem Sieb hinzufügen und alles nochmals aufkochen.

■ Die Pfefferkirschen in noch heiße, saubere Gläser füllen und gut verschließen, so sind sie 6–8 Wochen haltbar. Die Kirschen schmecken sehr gut zu Wild, Rind oder Kalbssteaks.

# Fruchtiger Rumtopf

### Variation

Mit einer Stange Zimt und etwas Sternanis kann man den Rumtopf noch interessanter gestalten. Er hält sich bis zu 4 Monate.

### Zutaten

je 200 g Erdbeeren, Himbeeren, Heidelbeeren, Brombeeren, Sauerkirschen, Aprikosen und Orangen (insgesamt 1,4 kg)
700 g Zucker
0,7–1 l Rum

Die Sommerfrüchte sind im Rumtopf gut aufgehoben und traditionell darf davon erst am 1. Advent gekostet werden. Wer es tatsächlich schafft, den Rumtopf bis zur Adventszeit zu retten, hat ein wunderbares, sehr persönliches Weihnachtsgeschenk.

■ Die Sommerfrüchte werden nach dem Erntekalender in den Rumtopf geschichtet und im Verhältnis zwei Teile Früchte, ein Teil Zucker und ein Teil Rum eingelegt.

■ Der Rum sollte die Früchte bedecken. Damit die Früchte nicht aufsteigen können und bedeckt bleiben, müssen sie unter Umständen mit einem kleinen Teller auf dem Boden gehalten werden.

# Rhabarbersirup

Zutaten

250 g Rhabarberschalen und -abschnitte
1 kg Zucker
10 g Zitronensäure

Der Sirup ist ein Genuss mit einem Schlückchen Sekt, aber auch mit Wasser verdünnt ist er alltagstauglich. Für dieses Rezept können Sie zum Beispiel die Schalen und Abschnitte verwenden, die bei der Rhabarberkonfitüre (Rezept S. 12) übrig geblieben sind.

■ Den Rhabarber vor dem Schälen gut waschen. Die Abschnitte und Schalen mit 1 l Wasser, dem Zucker und der Zitronensäure aufkochen und zu einem Sirup einkochen.

■ Nach dem Abkühlen den Sirup abseihen, noch mal kurz aufkochen und noch heiß in Flaschen füllen. Verschließen und möglichst kühl lagern. Der Sirup ist gut verschlossen 1–2 Monate haltbar.

Tipp

Der Sirup wird mit Wasser verdünnt zu einem köstlichen Saft an heißen Tagen.

# Johannisbeersirup

Zutaten

2 kg schwarze Johannisbeeren
Saft von 1 Zitrone
1 kg Zucker

Viel Zucker und sonnengereifte Johannisbeeren werden zum köstlichen Sirup und erfreuen noch viele Monate die Sinne, nachdem der Johannisbeerstrauch schon lange abgeerntet ist.

■ Die Beeren putzen und in 150 ml Wasser kurz aufkochen, bis sie zu Mus werden, dann durch ein Leinentuch abseihen.

■ Den Saft mit dem Zitronensaft und dem Zucker aufkochen, 2–3 Minuten sprudelnd köcheln lassen und noch heiß in saubere, gut verschließbare Flaschen füllen.

■ Abkühlen lassen und kühl und dunkel lagern. So hält er sich 3–4 Monate.

Variation

Eine Zimtstange oder eine Vanilleschote verfeinert den Geschmack und gibt dem Sirup eine ganz eigene Note.

Saft

# Zwiebelkonfitüre

### Zutaten

500 g Zwiebeln
1 EL Öl
1 EL Zucker
100 ml Rotweinessig
1 Lorbeerblatt
1 Gewürznelke
2 EL Honig
1 EL Butter
1 Zweig Petersilie
Salz, Pfeffer
Cayennepfeffer
1 EL Preiselbeeren

Eine pikante Variante ist die Zwiebelkonfitüre, die verfeinert mit Preiselbeeren zu allem Gegrillten und besonders zu Fleisch- und Wildgerichten passt.

■ Die Zwiebeln häuten, in feine Ringe schneiden und in dem Öl zusammen mit dem Zucker andünsten. Mit dem Rotweinessig ablöschen, Lorbeer und Gewürznelke hinzufügen und alles etwa 45 Minuten bei schwacher Hitze köcheln lassen. Unter Umständen noch etwas Wasser hinzufügen.

■ Mit Honig, Butter, gehackter Petersilie, Salz, Pfeffer und Cayennepfeffer abschmecken und die verlesenen Preiselbeeren unterrühren. Lorbeerblatt und Gewürznelke entfernen und die Zwiebelkonfitüre noch heiß in Schraubgläser füllen. Sie hält sich 3–4 Wochen.

### Variation

Zur Zwiebelkonfitüre passt auch 1 Zweig frischer Oregano gut – als Aroma und als Deko.

# Rotweinzwiebeln

## Zutaten

1,5 kg Zwiebeln
2 l Salzwasser
1 EL Olivenöl
Salz
150 g Puderzucker
125 ml Rotwein
2 Lorbeerblätter
125 ml Rotweinessig
Pfeffer

Die Zwiebeln schmecken köstlich zu Gegrilltem und zu Wildgerichten. Außerdem bieten sie sich als kleines Dankeschön für den Gastgeber an.

■ Die Zwiebeln häuten und in Ringe schneiden. Im Salzwasser einige Minuten vorgaren, aus dem Sud fischen, den Sud aber nicht wegschütten.

■ Dann die abgetropften Zwiebeln im Olivenöl andünsten, salzen und mit dem Puderzucker bestäuben. Mit dem Rotwein ablöschen, die Lorbeerblätter hinzufügen und alles aufkochen. Zusammen mit 250 ml Zwiebelsud und dem Essig nochmals aufkochen, mit Salz und Pfeffer abschmecken.

■ Über Nacht zugedeckt ziehen lassen, dann ein weiteres Mal aufkochen und noch heiß in saubere Gläser füllen. Mit der Würzmischung aufgießen und gut verschließen. Hält sich 4–6 Wochen.

## Variation

Sie können die Rotweinzwiebeln auch mit kleinen Schalotten zubereiten. Diese einfach halbieren oder auch ganz lassen.

# Tomatenkonfitüre

### Zutaten

1,5 kg Tomaten
2 kg Gelierzucker (2:1)
Saft von 2 Limetten

Die Tomatenschwemme aus dem Garten kann mit dieser Tomatenkonfitüre sehr gut unter Kontrolle gebracht werden, und zu Weihnachten hat man dann noch ein ganz persönliches Geschenk.

■ Die Tomaten waschen und in grobe Stücke schneiden, die Stielansätze dabei entfernen. Die Tomatenstücke mit dem Gelierzucker in einem Topf mischen, aufkochen und etwa 20 Minuten köcheln, bis sie die Konsistenz einer Konfitüre haben.

■ Den Limettensaft nach Geschmack dazugeben und die Konfitüre noch heiß in saubere Gläser füllen. Die Gläser verschließen und 5 Minuten auf den Kopf stellen. Die Konfitüre hält sich gekühlt etwa 2–3 Monate und schmeckt auf Brot so gut wie zu Käse oder Wildgerichten.

### Geschenkidee

Wenn ich Konfitüre verschenke, fülle ich sie gleich in hübsche, kleine Gläser oder in solche mit Bügelverschluss.

# Apfel-Tomaten-konfitüre

## Zutaten

1 kg reife Tomaten
1 kg Äpfel
1 kg Gelierzucker (2:1)
2 EL Zitronensaft
1 TL Muskatblüten
5 Zweige Thymian
2 Gewürznelken

Schöne Äpfel und Tomaten haben im September und Oktober noch Saison. Was liegt daher näher als ein Zusammenschluss dieser beiden köstlichen Früchte?

■ Die Tomaten häuten und vierteln, dabei die Stielansätze entfernen. Die Äpfel schälen, entkernen, in Würfel schneiden. Zusammen mit den Tomaten, dem Gelierzucker, dem Zitronensaft und den Gewürzen mischen und einmal kurz aufkochen bzw. erhitzen.

■ Die Äpfel und Tomaten herausnehmen und den Sirup nochmals einkochen, bis er dicklich wird.

■ Die Äpfel und Tomaten wieder hinzufügen und die Konfitüre in saubere Gläser füllen, verschließen und für einige Minuten auf den Kopf stellen. Hält sich gut gekühlt 3–4 Monate.

## Geschenkidee

Einfache Konfitürengläser werden zum netten Mitbringsel, wenn man ihnen ein Häubchen aus Seidenpapier verpasst.

*Deftig & pikant*

# Leberwurst im Glas

Die Leberwurst ist schnell und unkompliziert gemacht und schmeckt ganz raffiniert. Keine Sorge, der Aufwand ist überhaupt nicht groß, und als Geschenk ist Leberwurst „Hausmacher Art" immer ein voller Erfolg.

■ Die Kalbsleber in Würfel schneiden – ein Drittel davon fein, den Rest grob und mit dem Pürierstab zerkleinern.

■ Die Schalotten häuten und ebenfalls in feine Würfel schneiden. Mit der Leber, gewürfelt und zerkleinert, in etwas Butter anbraten, den Thymian hinzufügen und alles mit Salz und Pfeffer würzen.

■ Die Butter vorsichtig im Wasserbad schmelzen lassen, sie darf nicht braun werden. Zum Schluss den Cognac und die Sahne unter die Butter rühren und alles mit der angebratenen Leber vermischen.

■ In ein sauberes Glas oder eine kleine Terrine füllen und nach Belieben mit einem Zweig Thymian verzieren. Schmeckt ganz hervorragend zusammen mit etwas Preiselbeermarmelade und dunklem Brot. Die Leberwurst ist gut gekühlt 3–4 Tage haltbar.

### Zutaten

500 g Kalbsleber
2 Schalotten
250 g Butter und Butter zum Anbraten
ca. 2 EL gerebelter Thymian
Salz, Pfeffer
1 EL Cognac
1 EL Sahne
1 Zweig Thymian

### Variation

Die Leberwurst ist auch mit Rosmarin oder roten Pfefferkörnern sehr empfehlenswert.

# Schweineschmalz mit Grieben

### Variation

Mit rosa Pfefferkörnern wird das Schweineschmalz eine feurige Sache. Ungewöhnlich ist hier das Gefäß: ein Cappuccino-Becher.

### Zutaten

1 kg Schweinebauch (Flomen)

Es gibt nichts Besseres als selbst gemachtes Schweineschmalz – auf einem frisch gebackenen Graubrot mit einer Prise Salz. Schweineschmalz wird aus fettem Schweinebauch hergestellt (auch bekannt als Flomen, Schmer oder Liesen), er sollte möglichst frisch sein.

■ Das Fett in kleine Würfel schneiden oder durch die grobe Scheibe des Fleischwolfs drehen.

■ Dann in einer großen gusseisernen Pfanne, auf jeden Fall aber in einer Pfanne ohne Beschichtung, vorsichtig ausbraten. Brennen die Fleischstücke (Grieben) an, so beeinträchtigt das die Qualität des Schmalzes. Gutes Schweineschmalz hat nur einen geringen Eigengeruch, ist weiß und streichfähig.

■ Das Schmalz durch ein Leinentuch filtern, nach Geschmack die Grieben zuvor abnehmen und anschließend wieder hinzufügen. Das Schmalz in ein sauberes Glas füllen. Nach dem Auskühlen ist die Oberfläche leicht wulstig. Im Kühlschrank ist es ungefähr 3 Monate haltbar.

*Deftig & pikant*

# Leckere Mini-Quiches

## Variation

Mit Spargel und Parmesan ist die Quiche eine frische Frühlingsvariante. Gut passt auch Kerbel dazu.

## Zutaten

250 g Mehl
Salz
125 g kalte Butter
6 Eier
50 g getrocknete Tomaten
2 Frühlingszwiebeln
1 Zucchini
1 Knoblauchzehe
100 g Gruyère
400 g Sahne
Pfeffer

Sie sehen niedlich aus, die kleinen Quiches, und dass sie lecker sind, sieht man ihnen ebenfalls schon an. In dieser Größe lassen sie sich auch gut verschenken und als kleinen Anhänger können Sie noch das Rezept mitliefern.

■ Mehl mit 1 Prise Salz mischen und in die Mitte eine Kuhle drücken. Die Butter in kleinen Stücken sowie 1 Ei hineingeben und alles mit den Händen zügig durchkneten. Den Teig in Alufolie gepackt etwa 1 Stunde kühl stellen.

■ Die getrockneten Tomaten kurz in lauwarmem Wasser einweichen und dann fein hacken. Die Frühlingszwiebeln putzen und in Ringe schneiden, die Zucchini waschen und hobeln, den Knoblauch schälen und fein hacken. Tomaten, Zucchini und Knoblauch mischen.

■ Die restlichen 5 Eier verquirlen, den geriebenen Käse und die Sahne unterrühren, salzen und pfeffern.

■ Den Ofen auf 180 °C vorheizen, den Teig ausrollen und die Springformen damit auskleiden. Den Teig im vorgeheizten Ofen 5 Minuten vorbacken, dann das Gemüse darauf verteilen und mit der Eiersahne aufgießen. Die Quiches 20–25 Minuten backen, sie schmecken warm und kalt.

# Pilzpastetchen mit Blätterteig

Sie sind im Handumdrehen gemacht und schmecken köstlich. Wer es besonders originell mag, sammelt die Pilze selbst, alle anderen dürfen auch auf gekaufte Produkte ausweichen. Hübsch verpackt sind die Törtchen ein reizendes Mitbringsel.

■ Den Blätterteig auftauen lassen. Die Pilze putzen (nicht waschen!) und in Würfel schneiden, den Bacon und die gehäutete Schalotte ebenfalls in Würfel schneiden.

■ Etwas Öl in einer Pfanne erhitzen und die Schalotten darin andünsten, den Bacon und die Pilze dazugeben und anbraten. Mit Salz und Pfeffer abschmecken und abkühlen lassen.

■ Die Kräuter waschen und klein hacken, die Crème fraîche mit den Eiern verquirlen, die Kräuter unterheben und alles abschmecken.

■ Den Blätterteig überlappend ausrollen und mit einem Glas 10–12 Kreise à 12–15 cm Durchmesser ausstechen. Aus den Teigresten Streifen formen und am Ende über die Pasteten legen.

■ Den Ofen auf 200 °C vorheizen. Die Vertiefungen der Muffinform einfetten und mit dem Teig auslegen. Die Pilzmischung daraufgeben und mit der Eiermischung aufgießen, die Pastetchen etwa 30 Minuten backen. Sie können warm oder kalt gegessen werden.

## Zutaten

450 g Blätterteig (Fertigprodukt)
400 g Pilze (je nach Saison Pfifferlinge, Champignons, Steinpilze, Austernpilze)
75 g Bacon
1 Schalotte
Olivenöl
Salz, Pfeffer
1 Bund Schnittlauch
1 Bund Petersilie
150 g Crème fraîche
4 Eier
Fett für die Form

## Tipp

Nach dem gleichen Rezept kann man selbstverständlich auch eine große Pastete mit einem Durchmesser von 35 cm herstellen. Die Backzeit verlängert sich dann um etwa 15 Minuten.

# Pfefferminzöl

**Zutaten**

25 g frische Minzblätter
etwas Eiswasser
250 ml Rapsöl

Kräuteröle schmecken unvergleichlich gut und sind sicher willkommene Gastgeschenke, wenn man damit bei einer Einladung erscheint.

■ Die Minzblätter waschen und vorsichtig trocken tupfen. Eine Schüssel mit Eiswasser bereitstellen.

■ Etwas Wasser in einem Topf aufkochen, die Minzblätter darin kurz blanchieren, herausnehmen und in das Eiswasser legen. Die Blätter herausnehmen, vorsichtig ausdrücken und zwischen zwei Lagen Küchenpapier trocknen.

■ Die Blätter im Mixer pürieren und das Öl portionsweise dazugeben. Durch ein Leinentuch abseihen und das Öl in eine saubere Flasche füllen.

■ Hält sich im Kühlschrank 5–6 Monate, sollte aber vor Gebrauch Zimmertemperatur haben, da es nur dann sein ganzes Aroma entfaltet.

# Thymian-Chili-Öl

## Zutaten

6 Zweige getrockneter Thymian
2 frische Chilischoten
10 schwarze Pfefferkörner
8 Pimentkörner
1 Lorbeerblatt
1 Gewürznelke
1/4 TL Fenchelsamen
500 ml kalt gepresstes Olivenöl

Die leichte Schärfe des Chili verbindet sich wunderbar mit dem Thymian und macht das Öl zu etwas ganz Besonderem.

■ Die Thymianzweige in eine Flasche mit weitem Hals geben. Die Chilis in Streifen schneiden. Die restlichen Gewürze mit den Chilis leicht im Mörser zerstampfen und hinzufügen.

■ Das Öl dazugießen, die Flasche gut verschließen und bei Raumtemperatur dunkel 2 Wochen ziehen lassen.

■ Das Öl ist sehr intensiv im Geschmack und kann um das Doppelte verdünnt werden. Ein echter kulinarischer Genuss für Salatsaucen und alles Kurzgebratene. Das Thymianöl ist etwa 2 Monate haltbar.

## Geschenkidee

Binden Sie ein paar Zweige blühenden Thymian mit Bast an die Flasche.

# Walnussöl

### Zutaten

160 g Walnüsse (geschält)
250 g Rapsöl

Walnussöl ist ein sehr edles Öl, weil der enthaltene Nussgeschmack Salate fein aromatisiert. Ein wertvolles Geschenk – zum Erhitzen ist es weniger gedacht.

■ Die Walnüsse in einer Pfanne ohne Fett leicht anrösten. Währenddessen das Öl in einem ofenfesten Gefäß im Backofen erwärmen. Die Walnüsse zuerst mit wenig Öl in den Mixer geben und pürieren, dann das restliche Öl nach und nach dazugeben.

■ Das Öl 1 Tag bei Zimmertemperatur ziehen lassen, dann durch ein Leinentuch abseihen und in saubere Flaschen füllen. Im Kühlschrank hält es sich bis zu 5 Monate, sollte aber bei Zimmertemperatur verwendet werden, damit es sein volles Aroma entfalten kann.

### Tipp

Für die Liebhaber von Olivenöl: Das Walnussaroma verträgt sich mit dem Eigengeschmack des Olivenöls sehr gut.

# Gartengemüse in Öl

ZUTATEN

1 Zucchini
2 rote Paprika
1 Aubergine (nach Belieben)
4 Schalotten
1 Knoblauchzehe
Öl zum Anbraten
Salz, Pfeffer
150 g Kirschtomaten
1 Stängel Basilikum oder
1 Zweig Rosmarin
500 ml Olivenöl

In Öl ist Gartengemüse gut aufgehoben und kann sein volles Aroma für einige Zeit bewahren. Mit einem hübschen Anhänger wird daraus ein individuelles Mitbringsel, zum Beispiel für einen Grillabend.

■ Das Gemüse, bis auf die Tomaten, waschen und in Streifen schneiden.

■ Zusammen mit den gehäuteten, geviertelten Schalotten und der geschälten Knoblauchzehe in etwas Olivenöl anbraten und mit Salz und Pfeffer abschmecken.

■ In die Gläser schichten, die halbierten Tomaten und das Basilikum (bzw. den Rosmarin) hinzufügen und mit dem Öl aufgießen. Hält sich gekühlt 2–3 Wochen.

# Basilikumpesto

## Zutaten

3 EL Mandelstifte
2 Knoblauchzehen
80 g Basilikum
200 ml Olivenöl
30 g Parmesan
30 g Fetakäse
Salz

Mit Muße und Muskelkraft macht man ein gutes Pesto per Hand im Mörser. Aber die Variante mit dem Mixer ist ebenso erlaubt, wenn man ein so köstliches Basilikumpesto verschenken möchte.

■ Die Mandelstifte anrösten, die Knoblauchzehen schälen und vierteln. Mandeln und Knoblauch mit dem Basilikum im Mörser zerkleinern.

■ Nach und nach das Olivenöl dazugeben, anschließend den zerkleinerten Parmesan, dann den Fetakäse. Zum Schluss das Pesto mit Salz abschmecken und in ein sauberes Glas füllen. Im Mixer wird die Konsistenz feiner und homogener.

## Variation

Eine ganz feine Variante ist die mit Macadamia-Nüssen anstelle der Mandelstifte.

# Petersilienpesto

## Zutaten

100 g Mandelstifte
2 Knoblauchzehen
1 Bund Petersilie
7 Blätter Salbei
7 Blätter Basilikum
1 Dose Kichererbsen
200 ml Olivenöl
100 g Parmesan
Salz

Ein ganz besonderes Pesto zeigt hier sein fröhliches Gesicht. Denn hier werden Kirchererbsen verarbeitet, was der grünen Köstlichkeit eine ganz besondere Note verleiht.

■ Die Mandelstifte anrösten und zusammen mit dem abgezogenen und geviertelten Knoblauch im Mörser zerkleinern.

■ Die Kräuter dazugeben, mit den abgetropften Kichererbsen zu einer homogenen Masse verarbeiten. Anschließend nach und nach mit dem Öl aufgießen.

■ Dann den geriebenen Parmesan hinzufügen und das Pesto mit Salz abschmecken. Schmeckt hervorragend zu Nudeln und würde sich 3–4 Wochen im Kühlschrank halten.

# Rosmarin-Knoblauch-Essig

Zutaten

10 Zweige Rosmarin
4 Knoblauchzehen
250 ml heller Balsamico-Essig
10 g rosa Pfefferkörner

Die Flaschen sehen alleine schon mit dem Rosmarinzweig sehr dekorativ aus und müssen nicht noch extra verpackt werden.

■ Die Rosmarinzweige waschen und trocken tupfen, die Knoblauchzehen schälen und halbieren. Alles zusammen in ein Gefäß schichten.

■ Den Balsamico-Essig erhitzen, etwas köcheln lassen und dann über die Kräuter gießen. Abkühlen lassen und fest verschlossen an einem kühlen, dunklen Ort je nach gewünschter Intensität ziehen lassen.

■ Hat der Essig die gewünschte Intensität erreicht, durch ein Leinentuch abseihen und in saubere Flaschen umfüllen. Kühl und dunkel gelagert hält sich der Essig 1–2 Monate.

Geschenkidee

Ein Rosmarinzweig peppt den durchsichtigen Essig sofort auf – gerade, wenn er in so einer schönen Flasche verschenkt wird.

# Basilikum-Schnittlauch-Essig

ZUTATEN

1 unbehandelte Zitrone
7–8 frische Basilikumblätter
1 Bund frischer Schnittlauch
500 ml Weißweinessig

■ Mit dem Zestenreißer hauchdünne Streifen von der gewaschenen Zitrone schälen. Die Kräuter waschen, trocken tupfen, grob hacken und zusammen mit den Zitronenzesten in ein sauberes Gefäß geben.

■ Den Essig leicht erhitzen und dann über die Kräuter gießen. Nach dem vollständigen Abkühlen den Essig abfiltern, in Flaschen füllen und an einem kühlen, dunklen Platz lagern. Gut gekühlt ist der Essig 1–2 Monate haltbar.

GESCHENKIDEE

Liefern Sie doch gleich noch ein paar Zweige griechisches Basilikum mit. In der kleinen, praktischen Holzkiste hat alles Platz!

# Granatapfel-Vanille-Essig

### Zutaten

150 g Granat-
apfelkerne
5 Tropfen Vanille
aroma
500 ml Weißwein
essig

Für diesen Granatapfelessig lohnt sich die Mühe des Kerneausbrechens, denn er schmeckt einfach wunderbar. Und aufgrund seiner edlen Zutaten ist dieser Essig ein Highlight unter den kulinarischen Geschenken.

■ Den Granatapfel aufschneiden und die Kerne herausbrechen. Das Vanillearoma über die Kerne träufeln und diese in ein sauberes Gefäß schichten.

■ Den Essig leicht erhitzen und über die Kerne gießen, abkühlen lassen und gut verschließen. An einem dunklen, kühlen Platz gelagert ist der Essig gut 2–3 Monate haltbar.

### Tipp

Die eingelegten Granatapfelkerne können ebenfalls verspeist werden.

# Hagebutten-essig

**Zutaten**

500 g frische Hagebutten
1 l Weißweinessig

Orangerot hängen sie an den Rosenbüschen, die Hagebuttenfrüchte, und verschönern uns den Herbst. Aber sie können noch mehr als schön aussehen. Hagebuttenessig ist köstlich und veredelt mit einem Tröpfchen Honig jeden Obstsalat.

■ Es ist eine mühselige Arbeit, aber sie lohnt sich: Die Hagebutten müssen zunächst geputzt und entkernt werden.

■ Dann schichtet man sie in einen Topf und lässt sie übergossen mit dem Essig an einem warmen, dunklen Ort 4 Wochen ziehen.

■ Anschließend durch ein Leinentuch filtern und in saubere Flaschen füllen. Der Hagebuttenessig hält sich gut verschlossen 2–3 Monate.

**Geschenkidee**

Ein langes, schmales Papierzettelchen informiert den Beschenkten über Inhalt, Haltbarkeitsdatum und Verwendungszweck.

# Eierlikör

### Zutaten

5 Eigelb
120 g Puderzucker
125 g Sahne
250 ml Rum oder Weinbrand

Immer wieder ein Genuss und ein sehr persönliches Geschenk für alle, die gerne Eierlikör mögen – egal, ob pur oder zu Desserts. Ein Tipp: Machen Sie lieber eine Flasche mehr, die Sie selbst behalten dürfen!

■ Die Eigelbe mit dem Puderzucker schaumig schlagen, bis sich der Zucker aufgelöst hat. Die Sahne in dünnem Strahl einlaufen lassen und mixen, bis die Mischung schön cremig ist.

■ Auf niedriger Schaltstufe weiter mixen und den Rum oder Weinbrand hinzufügen.

■ Den Eierlikör in saubere Flaschen füllen und gut verschließen. Hält sich gekühlt und dunkel gelagert bis zu 2 Monate.

### Tipp

Das übrig gebliebene Eiweiß können Sie zum Beispiel zu Engelsküssen (Meringen) verarbeiten.

# Mokkalikör

## Zutaten

3 l Milch
1 Vanilleschote
5 Gewürznelken
2 Zimtstangen
4 Tässchen starker Espresso
Zucker nach Geschmack
700 ml Wodka
1 Prise Muskat

Ein wunderbarer Likör, vor allem für Kaffeeliebhaber, die den Geschmack von Mokka auch in der Kombination mit Alkohol schätzen.

■ Die Milch zusammen mit dem ausgekratzten Mark der Vanilleschote und den Gewürzen, außer dem Muskat, aufkochen.

■ Abkühlen lassen und den Espresso mit dem Zucker hinzufügen. Dann den Wodka hinzugeben und alles mit Muskat würzen.

■ Den Likör durch ein Leinentuch abseihen und in saubere Flaschen füllen. Hält sich kühl und trocken gelagert etwa 2 Monate.

## Variation

Für einen klaren Mokkalikör können Sie die Milch durch die gleiche Menge Wodka ersetzen.

# Glühwein-gewürzmischung

## Zutaten

je 1 Handvoll getrocknete Hibiskusblüten, Schlehenbeeren und Hagebuttenschalen
5 Sternanis
1 Zimtstange
10 Gewürznelken
abgeriebene Schale von 1 unbehandelten Orange

Gerade zur Weihnachtszeit ist diese Glühweinmischung eine ganz zauberhafte Idee. Hübsch verpackt kann man sicher sein, dass dieses Geschenk Freude macht.

■ Die getrockneten Zutaten mit dem zerkleinerten Sternanis und der zerbröselten Zimtstange vermengen. Die Nelken dazugeben.

■ Die Orangenschale ebenfalls dazugeben und die Gewürzmischung in vorbereitete Gläser füllen.

## Tipp

Sie können die Gewürzmischung mit 5–6 Kapseln Kardamom abwandeln.

# Bratapfel-konfitüre

## Zutaten

3,5 kg Äpfel
2 Zimtstangen
Öl zum Bestreichen
Kristallzucker zum Wälzen
1,2 kg Gelierzucker (2:1)
100 g Walnüsse (geschält)
Zimtpulver nach Geschmack
2 EL Zitronensaft

■ Den Ofen auf 200 °C vorheizen. Die Äpfel waschen und mit einem Apfelausstecher entkernen, bei zwei Äpfeln jeweils eine Zimtstange in die Öffnung stecken. Alle Äpfel mit Öl bestreichen, im Kristallzucker wälzen und auf ein Backblech setzen.

■ Die Bratäpfel etwa 45 Minuten im vorgeheizten Ofen backen, bis sie schön weich sind. Dann die Zimtstangen entfernen, die Äpfel in einer Schüssel zu Mus zerdrücken und das Mus durch ein Sieb passieren.

■ Das Apfelmus mit Gelierzucker und Zitronensaft einmal aufkochen. In der Zwischenzeit die Walnüsse in einer Pfanne ohne Fett kurz rösten, mit dem Mörser zerdrücken und untermischen.

■ Die Konfitüre nach Belieben mit Zimtpulver und Zitronensaft abschmecken und noch heiß in saubere Gläser füllen. Die Gläser 5 Minuten auf den Kopf drehen. Die Konfitüre hält sich etwa 3–4 Monate.

## Geschenkidee

Wie Sie zu der netten Verpackung für die Konfitüre kommen, erfahren Sie auf Seite 148.

# Bratäpfel im Glas

Zutaten

4 Einmachgläser
4 kleine Äpfel, die in die Gläser passen
40 g weiche Butter
20 g Zucker
Zimt nach Geschmack
20 g Rosinen
20 g gehackte Mandeln
200 ml Apfelsaft

Sehr zuvorkommend wirkt es, wenn die Gäste das Dessert gleich mitbringen. Diese Bratäpfel im Glas sind schon fertig portioniert.

■ Die Äpfel waschen, mit dem Apfelausstecher entkernen und in die Gläser stellen. Die Butter mit Zucker, Zimt, Rosinen und Mandeln mischen und in die Öffnungen der Äpfel verteilen. Den Apfelsaft angießen.

■ Alternativ können Sie die Bratäpfel auch gegart verschenken. Dafür die sauberen Deckel nach dem Backen fest verschrauben und die Bratäpfel zum Auskühlen in den Ofen zurückstellen. Hält sich 2–3 Monate in der gut gekühlten Vorratskammer.

Tipp

Besonders mürbe Äpfel wie Boskop eignen sich gut, um als Bratäpfel zubereitet zu werden.

# Kuchen im Glas

## Zutaten

200 g Butter und Butter für die Form
4 Eier
200 g brauner Zucker
300 g Mehl
2 TL Backpulver
50 g gemahlene Mandeln
Schokostreusel nach Belieben
Semmelbrösel für die Form

Eine reizende Alternative zu einem großen Kuchen sind die kleinen Kuchen, die einfach im Glas bleiben und so verschenkt werden können.

■ Den Ofen auf 200 °C vorheizen. Die Butter schmelzen und abkühlen lassen. In der Zwischenzeit die Eier mit dem Zucker schaumig rühren.

■ Anschließend das mit dem Backpulver gemischte Mehl und die Mandeln im Wechsel mit der flüssigen Butter unterrühren. Die Schokostreusel unterheben.

■ Den Teig in die gefetteten und mit Semmelbröseln ausgestreuten Gläser füllen und die Kuchen etwa 45 Minuten backen.

■ Für alle Schokoladenkuchenliebhaber kann der Teig mit Kakaopulver verfeinert werden, zu Weihnachten passen auch Lebkuchengewürze gut (siehe Foto).

## Geschenkidee

Die Gläser sind hier mit Spangen verschlossen und mit Bast, Tannenzweigen und silbern gesprühten Zapfen verziert.

# Cupcakes mit Beerencreme

### Tipp

Sehr nett sehen die Cupcakes aus, wenn sie in farblich passenden Papierförmchen gebacken werden. Diese gibt es in verschiedenen Größen (siehe Foto links).

### Zutaten

125 g weiche Butter und Butter für die Förmchen
200 g Mehl
3 Eier
1 1/2 TL Backpulver
150 g feiner Zucker
60 ml Milch
1 TL Vanillearoma
250 g frische Him-, Brom-, Heidel- oder Erdbeeren
250 g Crème fraîche oder Crème double
1 EL Puderzucker
Zucker- oder Marzipanrosen

Wer liebt sie nicht? Kleine Kuchenhappen, die man mit zwei Bissen aufgegessen hat und die so wunderbar schmecken, dass man gleich noch einmal zugreifen möchte.

- Den Ofen auf 180 °C vorheizen. Die Butter, das Mehl, die Eier, das Backpulver, den Zucker, die Milch und die Vanille zu einem glatten Teig verrühren.

- Den Teig in die gebutterten Muffinförmchen verteilen, sodass sie zu drei Vierteln gefüllt sind. Im vorgeheizten Backofen 18–20 Minuten backen.

- Für die Creme die gesäuberten Beeren mit der Gabel leicht zerdrücken. Die Crème fraîche oder double unter die angedrückten Beeren rühren und zusammen mit dem Puderzucker zu einer homogenen Masse verarbeiten.

- Mit einem Teelöffel ein wenig Teig aus dem Törtchen entfernen, die Creme einfüllen und entweder eine Zuckerrose oder das Teigstückchen wieder obenauf setzen.

*Gebacken & verziert*

# Apfel-Pistazien-Kugeln

GESCHENKIDEE

Die Pistazienkugeln zum Verschenken in kleine Pralinenförmchen aus Papier setzen.

ZUTATEN

1 kg säuerliche Äpfel
Saft von 1 Zitrone
600 g Zucker
ausgekratztes Mark von 1 Vanilleschote
150 g Pistazienkerne
Öl für die Hände

Nicht nur lecker, sondern auch dekorativ sehen diese Kugeln aus. Ein paar davon in einer hübschen Blechdose verpackt machen als Geschenk etwas her.

■ Die Äpfel schälen, entkernen und in Würfel schneiden. Die Apfelwürfel mit dem Zitronensaft beträufeln. Mit 100 ml Wasser langsam aufkochen und in etwa 30 Minuten weich kochen.

■ Die Apfelstücke durch ein Sieb streichen und mit der gleichen Menge Zucker (etwa 600 g) und der Vanille unter ständigem Rühren etwa 1 Stunde köcheln lassen. Die Masse sollte dann sehr klebrig sein.

■ Die Pistazienkerne grob hacken und auf ein mit Backpapier ausgelegtes Backblech streuen. Mit leicht geölten Händen die abgekühlte Apfelmasse zu Kugeln formen und in den Pistazien wälzen.

■ Über Nacht trocknen lassen. Die Kugeln halten sich in einer Blechdose etwa 4 Wochen.

# Apfel-Knäckebrot

### Geschenkidee

Ungewöhnlich verpackt: Die Knäckebrote in entsprechend zugeschnittenes Butterbrotpapier stecken und in eine Spanschachtel stellen. Mit Sisal umwickeln und fertig!

### Zutaten

250 g getrocknete Apfelringe
70 g Haselnüsse
25 g Hefe
300 ml lauwarme Milch
Salz
250 g Dinkelmehl
120 g geröstetes Hafervollkornmehl

Das knackige Brot passt hervorragend zu einer Käseplatte und widerlegt die These, dass Knäckebrot eine trockene Angelegenheit ist.

■ Den Ofen auf 220 °C vorheizen. Die Apfelringe fein, die Haselnüsse grob hacken.

■ Die Hefe mit der leicht warmen Milch verrühren, Salz, beide Mehlsorten, Haselnüsse und Apfelstückchen hinzufügen und alles zu einem weichen Teig verarbeiten. Sollte der Teig zu klebrig sein, noch etwas Dinkelmehl hinzufügen.

■ Den Teig auf der bemehlten Arbeitsfläche ausrollen und in 20 Teile schneiden. Die Brote im vorgeheizten Backofen 6–7 Minuten backen.

■ Dann den Ofen auf 50 °C herunterschalten und die Knäckebrote bei leicht geöffneter Tür noch 1 Stunde nachbacken lassen. Anschließend auf dem Gitter abkühlen lassen.

# Bethmännchen

## Zutaten

200 g Marzipan
80 g Puderzucker
80 g gemahlene Mandeln
1 Ei, getrennt
2 EL Mehl
1 EL Orangenlikör
40 g halbierte, abgezogene Mandeln
4 EL Milch

Dieses Weihnachtsgebäck stammt aus dem Frankfurter Raum und ist wohl benannt nach einer Familie namens Bethmann. Ursprünglich mit vier Mandelhälften bestückt, für die vier Söhne der Familie, fiel nach dem Tod eines Sohnes eine Mandelhälfte weg.

■ Das Marzipan grob hacken, den Puderzucker sieben und beides zusammen mit den gemahlenen Mandeln, dem Eiweiß, dem Mehl und dem Likör zu einem Teig verkneten.

■ Den Ofen auf 175 °C vorheizen. Aus dem Teig kleine Kugeln formen und mit je drei Mandelhälften verzieren.

■ Das Eigelb mit der Milch verquirlen und die Bethmännchen damit bestreichen. Im vorgeheizten Ofen etwa 15 Minuten backen.

## Geschenkidee

Die Bethmännchen in einen Pappkarton legen und einen zweiten Karton umgekehrt darauf stellen … schon hat man eine Schachtel mit Deckel. Mit einer passenden Kordel verschnüren.

# Müslikekse

## Zutaten

100 g brauner Zucker
50 g weißer Zucker
1 Ei
125 g weiche Butter
170 g Mehl
1/2 TL Natron
75 g Haferflocken
50 g getrocknete Aprikosen
40 g getrocknete Apfelringe
25 g getrocknete Kokosnussstücke
50 g Sultaninen
1/2 TL Zimt

Eine köstliche Spezialität und ein hübsches Geschenk, vor allem, wenn es in einer so schönen Tüte präsentiert wird.

■ Den braunen und den weißen Zucker zusammen mit dem Ei und der weichen Butter schaumig schlagen. Nach und nach Mehl, Natron, Haferflocken, die klein gewürfelten Trockenfrüchte und Zimt hinzufügen und zu einem glatten Teig verarbeiten.

■ Den Ofen auf 175 °C vorheizen. Aus dem Teig kleine Kugeln formen und auf das Backblech setzen. Etwas flach drücken und in 18–20 Minuten goldbraun backen.

## Geschenkidee

Für die Verpackung mit der Zackenschere ein Guckfenster in weiße Papiertüten schneiden und nach Belieben mit Klarsichtfolie unterkleben.

# Vanillekipferl

Zutaten

140 g weiche Butter
100 g Zucker
2 Vanilleschoten
2 Eigelb
200 g Mehl
100 g geschälte, gemahlene Mandeln
20 g Puderzucker

Vanillekipferl – der Klassiker unter den Weihnachtsplätzchen. Wer kann dem zarten Schmelz dieser Plätzchen schon widerstehen?

■ Die Butter mit dem Handrührgerät schaumig schlagen. Den Zucker einrieseln lassen, das Vanillemark von 1 Schote und die Eigelbe unterheben und alles zu einer cremigen Masse schlagen.

■ Das Mehl und die Mandeln unterrühren und den Teig mit bemehlten Händen zu drei Rollen mit einem Durchmesser von 2 cm formen. In Folie gewickelt 1 Stunde kalt stellen.

■ Den Ofen auf 180 °C vorheizen. Den Teig in fingerdicke Scheiben schneiden und daraus Hörnchen formen. Etwa 12 Minuten backen, die Kipferl sollten hell bleiben.

■ Den Puderzucker mit dem Mark der zweiten Vanilleschote mischen und die Kipferl noch heiß darin wälzen.

# Buttrige Ausstecherle

## Zutaten

250 g Mehl
250 g Puderzucker
abgeriebene Schale von 1 Zitrone
1 Ei
150 g kalte Butter
Lebensmittelfarbe in Blau
1/2 EL Zitronensaft

Die Ausstecherle erfreuen sich großer Beliebtheit, weil sie sich sehr schön verzieren lassen. Mit Liebesperlen, Zuckerguss, Hagelzucker oder Zuckerblümchen – sie sehen immer aus wie aus der Zuckerbäckerei.

■ Aus Mehl, 125 g Puderzucker, Zitronenabrieb, Ei und klein geschnittener Butter mit den Händen einen Mürbteig kneten. In Folie gewickelt 1 Stunde kalt stellen.

■ Den Ofen auf 180 °C vorheizen. Den Teig etwa 3–4 mm dick ausrollen und mit Plätzchenformen ausstechen. Etwa 10 Minuten backen, abkühlen lassen.

■ Restlichen Puderzucker mit der Lebensmittelfarbe und dem Zitronensaft verrühren und die Plätzchen damit bestreichen. Nach Belieben verzieren.

## Variation

Mit Tupfen aus weißem Zuckerguss sehen diese Herzen besonders „herzig" aus.

# Schokotrüffel in Variationen

### Variation

Für alle, die dem Alkohol nicht zusprechen, wären helle Trüffel mit 10 g gemahlenen Haselnüssen eine gute Alternative, aber auch dunkle Schokolade mit etwas Kardamom und in Puderzucker gewälzt.

### Zutaten

100 g Zartbitterschokolade
80 g Süßrahmbutter
80 g Puderzucker
2 cl Cognac

Machen Sie die doppelte Menge, denn Sie können garantiert nicht widerstehen und probieren die Hälfte der Buttertrüffel, noch bevor Sie sie verschenkt haben.

■ Die Schokolade im Wasserbad schmelzen lassen. Die Butter mit dem Puderzucker schaumig rühren und die weiche, aber schon etwas abgekühlte Schokolade löffelweise hinzufügen. Zum Schluss den Cognac unterrühren.

■ Die Cognactrüffelmasse zu nussgroßen Kugeln formen, in Kakao wälzen und in Pralinenförmchen setzen.

■ Kühl gelagert halten sich die Pralinen gut 1 Woche – aber nur, wenn man die Disziplin aufbringt und sie nicht gleich aufisst.

### Tipp

Hübsch verpackt sehen die Trüffel aus, wenn man sie in Pralinenförmchen steckt und zu dritt in die Kieselsteine aus Pappmaschee von Seite 162 platziert.

# Schokolutscher mit Gewürzen

In die heiße Milch gesteckt wird aus den selbst gemachten Schokolutschern ein wunderbarer Kakaotrunk, und auch den Kaffee kann man damit veredeln.

■ Die Sahne mit den Gewürzen kurz aufkochen, dann den Topf beiseitestellen.

■ Die Schokolade fein hacken und im Wasserbad schmelzen. Die Sahnemischung nach und nach dazugeben und rühren, bis eine homogene Masse entsteht.

■ Die Masse in vorbereitete Plastiknäpfchen füllen, in jede Form einen Löffel stecken und die Lutscher erkalten lassen.

■ Besonders raffiniert sind die Schokolutscher, wenn man sie noch mit Schokostreuseln verziert, Liebesperlen aufstreut oder mit einer Schicht weißer Schokolade überzieht.

## Zutaten

200 g Sahne
ausgekratztes Mark von 1 Vanilleschote
Zimt nach Geschmack
Kardamompulver nach Geschmack
300 g Zartbitter-, Vollmilch- oder weiße Schokolade
Plastiknäpfchen
kleine Löffel

## Variation

1 Prise Chilipulver und die Lutscher entwickeln ein unnachahmliches Feuer. Die alkoholisierte Variante mit 150 g Sahne und 50 ml Rum ist ebenfalls eine Sünde wert.

# Cornflakes-Schokolade

**Zutaten**

200 g Vollmilch-schokolade
100 g Bitter-schokolade
35 g Cornflakes
Schokoladengieß-form oder Alufolie

Hier können Sie bei der Schokoladenbasis variieren: ganz nach Geschmack Vollmilch- und Bitterschokolade gemischt oder jede Sorte für sich.

■ Die grob zerkleinerten Schokoladen im Wasserbad schmelzen lassen.

■ Die Cornflakes in einem Gefrierbeutel zerkleinern. Den einen Teil der Schokolade wie gewünscht in eine Schokoladenform gießen oder auf einer Alufolie aufstreichen, die Cornflakes mit dem zweiten Teil der Schokolade mischen und auf die leicht abgekühlte Schokolade als zweite Schicht auftragen.

**Variation**

Sehr lecker sind auch die Varianten mit weißer Schokolade einer Müsli-Nuss-Mischung oder in Stücke gebrochenen Keksen.

# Pinienkern-Schokolade

**Zutaten**

30 g Pinienkerne
2 Rosmarinzweige
300 g Vollmilch-schokolade
Schokoladengieß-form oder Alufolie

■ Die Pinienkerne in einer Pfanne ohne Fett leicht anrösten und abkühlen lassen. Rosmarinnadeln abzupfen und fein hacken.

■ Die grob gehackte Schokolade im Wasserbad schmelzen lassen. Die Schokolade in eine Schokoladenform oder auf Alufolie gießen, leicht abkühlen lassen und dann die Kerne und den Rosmarin aufstreuen.

**Variation**

Weiße Schokolade lässt sich mit Lebensmittelfarbe hellgrün färben. Mit Erdbeermark vermischt entsteht rosa Schokolade, die farblich sehr gut mit Pistazien harmoniert.

# Happy Valentine!

Den Valentinstag am 14. Februar feiern wir erst seit ein paar Jahrzehnten. Auf eine längere Tradition schaut der „Tag der Liebenden" in den englischsprachigen Ländern zurück. Seit dem 15. Jahrhundert schickte man dort seinem Herzblatt Blumen und Liebesbrief. Heute beschenken wir unsere Liebsten mit allen erdenklichen kleinen Geschenken – dass die Herzform dabei die Hauptrolle spielt, liegt jedoch auf der Hand.

# Geschenke aus Wolle und Faden

Ein Geschenk mit den eigenen Händen erschaffen, sorgfältig ausgewählt und liebevoll gestrickt oder gehäkelt, genäht oder gefilzt – so sind die Kleinode auf den nächsten Seiten entworfen. Schon bei der Herstellung denkt man fortwährend an denjenigen, den man beschenken möchte. Passt der Schal, gefällt die Farbe, ist das Material weich genug? Viele Fragen, die vor Beginn des Handarbeitens bedacht sein wollen. Das Ergebnis überzeugt dann aber ganz bestimmt. Die Geschenke sind durchweg schnell gemacht, müssen nicht perfekt sein und bestechen durch ihren ländlichen Charme.

# Fingerlose Handschuhe

Da kann der Winter kommen! Diese fingerlosen Handschuhe halten schön warm und sehen zudem noch schick aus.

■ Für den rechten Handschuh 29 M mit dem Nadelspiel anschlagen und 3 Rh 1 M re, 1 M li in Rd stricken. Dann 16 M glatt re stricken, 2 M li, 9 M re für den Zopf, 2 M li über 3 Rd arbeiten. Für den Zopf die ersten 3 M auf die Zopfnadel nach hinten nehmen, die nächsten 3 M re stricken, dann die M von der Zopfnadel re stricken.

■ Die letzten 3 M re stricken, im Muster fortlaufend ohne Verkreuzung über 3 Rd arbeiten. Dann für die nächste Verzopfung die ersten 3 M re stricken, die nächsten 3 M auf die Zopfnadel nach vorne nehmen und die nächsten 3 M re stricken, dann die M von der Zopfnadel re stricken.

■ Die Verkreuzungen passieren immer abwechselnd nach jeweils 3 Rd. Fortlaufend bis zu einer Höhe von 23 cm arbeiten, dann bis 4 M (2 M li und 2 M re) nach dem Zopfmuster stricken, die nächsten 5 M auf eine Sicherheitsnadel nehmen, in der nächsten Rd wieder dazu anschlagen und bis zu einer Höhe von 28 cm im Muster stricken, locker abketten.

■ Die M von der Sicherheitsnadel auf eine Nadel des Spiels nehmen, die dazu angeschlagenen M aufnehmen und die 10 M re in Rd bis zu einer Höhe von 4 cm stricken, locker abketten. Die Fäden sorgfältig vernähen.

■ Den linken Handschuh gegengleich arbeiten. Die Maschen für das Daumenloch sind hier 11 Maschen (2 M li und 9 M re) nach dem Zopfmuster.

### Material

100 g Malou
(70 % Alpaka,
20 % Polyamid,
10 % Schurwolle,
Lauflänge 65 m auf
50 g) von Lang Yarns
in Grau
Nadelspiel Stärke 7
Zopfnadel
Sicherheitsnadel
Stopfnadel

### Geschenkidee

Mit einer Schleife versehen und mit einem nostalgischen Blechherz bestückt sind die Handschuhe bereit für den großen Auftritt!

# Kuscheliger Riesenschal

### Maschenprobe

glatt rechts 11 M auf 10 cm

### Masse fertiger Schal

Länge: 260 cm
Breite: 56 cm

### Material

500 g Malou (70 % Alpaka, 20 % Polyamid, 10 % Schurwolle, Lauflänge 65 m auf 50 g) von Lang Yarns in Grau
Rundstricknadel Stärke 7
Zopfnadel
Stopfnadel

Über ein so wunderbares selbst gemachtes Geschenk freut sich Inkeri ganz besonders.

■ 62 M anschlagen und 5 cm 1 M re, 1 M li im Wechsel stricken. Für das Zopfmuster die M wie folgt verteilen:
1 Rdm, 2 M re, 6 M li, 4 M re, 5 M li, 6 M re, 5 M li, 4 M re, 5 M li, 6 M re, 5 M li, 4 M re, 6 M li, 2 M re, 1 Rdm.

■ Die M stricken, wie sie erscheinen, die erste Verkreuzung findet bei den schmalen Zöpfen (über 4 M) immer nach 6 Rh statt, bei den breiten Zöpfen (über 6 M) nach 12 Rh. Ansonsten werden die M gestrickt, wie sie erscheinen.

■ Für die Zöpfe die ersten 2 M (beim breiten Zopf 3 M) auf die Zopfnadel nach vorne legen, die nächsten 2 M (beim breiten Zopf 3 M) stricken und dann die M von der Zopfnadel re stricken.

■ So fortfahren bis zu einer Länge von 255 cm, dann die letzten 5 cm 1 M re, 1 M li im Wechsel arbeiten. Locker abketten und die Fäden sorgfältig mit der Stopfnadel vernähen.

# Schultertuch

MATERIAL

150 g Cashmere (100 %, 8-fädig, Lauflänge 130 m auf 50 g) von Ulmer Strickdesign in Natur
Rundstricknadel Stärke 9
Zopfnadel
Stopfnadel

MASSE FERTIGER SCHAL

Länge: ca. 100 cm
Breite: ca. 26 cm

■ 63 M anschlagen und wie folgt aufteilen: 3 M li, 2 M re (Zopf 1), 2 M li, 6 M re (Zopf 2), 2 M li, 4 M re (Zopf 3), 2 M li, 9 M re (3-fach-Zopf 4), 2 M li, 4 M re, 4 M re (Zopf 5), 2 M li, 4 M re (Zopf 6), 2 M li, 12 M re (Zopf 7), 3 M li. In den Rückreihen die M stricken, wie sie erscheinen. Das Teil wird gerade, ohne Zu- und Abnahmen gestrickt.

■ Für Zopf 1 werden jeweils nach 2 Rh die beiden M verkreuzt.

■ Für Zopf 2 werden nach 6 Rh die ersten 3 M auf die Zopfnadel genommen und nach hinten gelegt, dann die nächsten 3 M re gestrickt und anschließend die von der Zopfnadel.

■ Für Zopf 3 findet die gleiche Verkreuzung mit 2 M nach 4 Rh statt.

■ Für Zopf 4 (3-fach) die ersten 3 M auf der Zopfnadel nach vorne legen, die nächsten 3 M stricken, dann die M von der Zopfnadel. Nach 6 Rh die ersten 3 M stricken, die nächsten 3 M auf die Zopfnadel nehmen und nach hinten legen, anschließend die letzten 3 M stricken und dann die M von der Zopfnadel abarbeiten. Nach weiteren 6 Rh das Ganze wiederholen.

■ Für Zopf 5 die ersten 2 M auf der Zopfnadel nach vorne legen, die nächsten 2 M stricken und dann die M von der Zopfnadel abarbeiten. Wiederum die nächsten 2 M auf der Zopfnadel nach hinten legen, die nächsten 2 M stricken und dann die von der Zopfnadel abarbeiten. Nach 4 Rh fortlaufend wiederholen.

■ Für Zopf 6 die Verkreuzung wie bei Zopf 3 ausführen.

■ Für Zopf 7 die Verkreuzungen wie bei Zopf 3 ausführen, nur nach 12 Reihen.

■ Bis zu einer Länge von ca. 100 cm stricken, letztendlich ist der Schulterumfang entscheidend. Die Naht schließen. 12 M anschlagen und 20 cm gerade stricken. Dieses Band um die Nahtstelle nähen. Die Fäden sorgfältig mit der Stopfnadel vernähen.

TIPP

In das Band für die Nahtstelle können Sie ebenfalls einen Zopf (Nr. 2) stricken.

# Gestrickte Taschen

### Maschenprobe

glatt rechts
11 M auf 10 cm mit doppeltem Faden

### Muster Patent

1. Rh: 1 M re, 1 M li im Wechsel
2. Rh: 1 M re, 1 M li mit einem U abheben, im Wechsel
3. Rh und alle folgenden: *1 M re zusammen mit dem U der Vorrh stricken, 1 M li mit U abheben. Ab * wiederholen.

### Material

500 g Extra soft Merino (100 % Merinowolle, Lauflänge 130 m auf 50 g) von SMC select in Grau oder Dunkelbraun
Stricknadeln Stärke 7
Zopfnadel
Nadelspiel Stärke 7
Stopfnadel
1 Reißverschluss, 47 cm lang
50 cm Futterstoff in passender Farbe

Befindet sich noch etwas in der Tasche? Gerade junge Mädchen freuen sich über so ein lustiges Accessoire.

■ Mit doppeltem Faden 55 M anschlagen und 9 cm glatt re stricken. Dann für das Zopfmuster die M wie folgt verteilen: 1 Rdm, *1 M re, 1 M li, 1 M re, 1 M li 1 M re, 2 M li, 1 M re, 1 M li, 1 M re, 1 M re, 1 M li, 1 M re, 2 M li, ab * fortlaufend wiederholen. Bis auf die jeweils 2 M li neben den Zöpfen werden alle M in der nächsten Rh Patent gestrickt.

■ Die mit Patent angegebenen M in dem Muster stricken, die M dazwischen stricken, wie sie erscheinen. Nach 16 Rh (8 cm) die 3 Zöpfe arbeiten, dafür auf der rechten Seite die ersten 4 M auf die Zopfnadel nehmen, die restlichen 3 M stricken (ungleiche Maschenzahl, da das Patent sonst nicht verzopft werden kann!), dann die M von der Zopfnadel im Muster arbeiten. Fortfahren bis zu einer Höhe von 80 cm, dann wieder 9 cm in glatt re arbeiten und locker abketten.

■ Die Seitennähte schließen. Mit dem vierfachen Faden 3 M auf einer Nadel des Nadelspiels anschlagen und eine Schnur von 1 m Länge stricken. Dafür wird immer von einer Seite ohne zu wenden glatt re gestrickt. Der Faden wird hinter dem Gestrick fest angezogen, dadurch entsteht die Runde. Die Schnur doppelt befestigen, und die Tasche füttern. Den glatt re gestrickten Saum umnähen und den Reißverschluss einnähen.

# Tassen mit Stricküberzug

Aus diesen hübschen Tassen schmeckt der Tee, die heiße Schokolade oder der Kaffee bestimmt besonders gut.

■ 48 M anschlagen und im Muster 8 M li, 4 M re (Zopf), 10 M li, 4 M re (Zopf) 10 M li, 4 M re (Zopf), 8 M li aufteilen. Die Rückrh werden immer gestrickt, wie die M erscheinen.

■ 3. Rh: Für die Zöpfe die li M vor den Zopfm auf die Zopfnadel nehmen, nach hinten legen und die ersten beiden Zopfm stricken. Die li M von der Zopfnadel arbeiten, die beiden nächsten M auf die Zopfnadel nehmen, nach vorne legen, die nächste M li stricken, die beiden M von der Zopfnadel arbeiten.

■ 5. Rh und über die nächsten 3 Rh die M stricken, wie sie erscheinen.

■ 9. Rh: Für die Zöpfe die beiden re M auf die Zopfnadel nehmen, die eine li M stricken und die beiden M von der Zopfnadel abarbeiten. Die nächste li M auf die Zopfnadel nehmen, nach vorne legen und die li M stricken, dann die M von der Zopfnadel abarbeiten.

■ 11. Rh: Für die Zöpfe die ersten beiden M auf die Zopfnadel nehmen, nach hinten legen, die nächsten beiden M stricken und dann die von der Zopfnadel re abarbeiten. Die Verzopfung wird noch einmal nach 4 Rh wiederholt.

■ Anschließend die M abketten, die Naht schließen und die Fäden sorgfältig verstopfen.

■ Die Maschenzahl und die Verteilung für den grauen Tassenbezug sind gleich und im Prinzip auch die Verzopfung. Hier wird mit einer Verzopfung wie oben beschrieben über 4 M nach 2 Rh begonnen. Allerdings wird schon nach 4 Rh der Zopf wieder geschlossen und nach 2 Verzopfungen über 2 Rh wiederholt, wie zu Anfang. Den Abschluss bildet die doppelte Verzopfung.

### Material

50 g Maxima (100 % Merinowolle, Lauflänge 110 m auf 50 g) von GGH in Grau, Natur und Weiß
Stricknadeln Stärke 4
Zopfnadel
Stopfnadel
geradwandige Tasse oder Becher

### Maschenprobe

18 M und 22 Rh ergeben 10 cm im Quadrat

### Masse

den Tassen anpassen

# Gestrickte Herzen

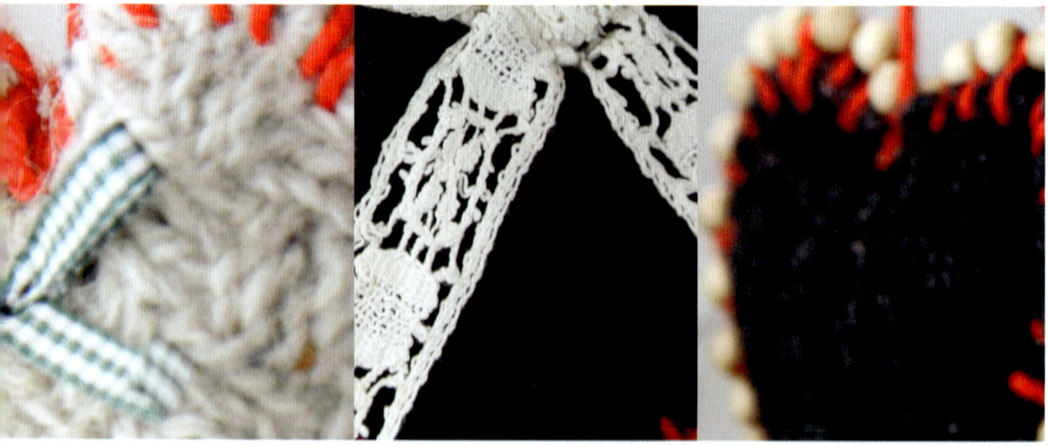

### Masse fertige Herzen

Höhe: 15 cm
Breite: 12 cm

### Material

alte Pullover oder Socken mit Muster
große Stecknadeln
Füllwatte
rote Wolle
Sticknadel
Spitzenborten oder Geschenkbänder
Holzperlen

Hier wird nicht gestrickt, sondern nur geschnipselt und gestickt. Das geht natürlich schnell und sieht bezaubernd aus. Die Herzen sind aus ausgemusterten Strickstücken gefertigt und auch versehentlich verfilzte Sachen finden noch eine Verwendung.

■ Die Herzen in unterschiedlichen Größen doppelt aus den Strickstücken schneiden. Beide Herzen mit Stecknadeln zusammenstecken, dabei ein Stückchen offen lassen.

■ Nun das Herz mit Füllwatte ganz leicht füllen. Mit der roten Wolle im Langettenstich (siehe Seite 166) umstechen.

■ Das fertige Herz mit einer Schleife aus Borte oder Geschenkband nach Belieben verzieren, mit den Holzperlen umstechen und mit einem roten Bändchen zum Aufhängen versehen.

# Wuschelschal

### Material

100 g Cashmere (100 %, 4-fädig, Lauflänge 200 m auf 50 g) von Ulmer Strickdesign
Häkelnadel Stärke 5
Stopfnadel

Die Schals sind schnell gemacht und sehen mehrmals um den Hals gewickelt lustig aus. Das weiche Cashmere-Garn schmeichelt sich bei der Trägerin ein.

■ Mit der Häkelnadel auf 180 cm Länge Luftmaschen anschlagen. In folgendem Muster arbeiten:

■ 20 Luftmaschen und 1 feste Masche in die nächste M über die gesamte Länge fortlaufend arbeiten. Zum Schluss die Fäden sorgfältig vernähen.

■ Schon ist der Schal fertig! Und weil das so schnell geht, wie wäre es, gleich noch so ein hübsches Accessoire für eine Freundin zu häkeln?

### Maße

Länge: ca. 180 cm

# Korkenzieherschal

MATERIAL

110 g Cashmere
(100 %, 4-fädig,
Lauflänge 200 m
auf 50 g) von Ulmer
Strickdesign
Häkelnadel Stärke 5
Sticknadel

Dieser lustige Schal rollt sich ein wie ein Korkenzieher und schmückt die Trägerin ungemein.

■ Mit der Häkelnadel auf 180 cm Länge Luftmaschen anschlagen. In folgendem Muster arbeiten:

■ 1. Reihe: feste M, fortlaufend wiederholen.

■ 2. Reihe: Stäbchen, wobei jedes zweite Stäbchen verdoppelt wird. Fortlaufend wiederholen.

■ 3. Reihe: doppelte Stäbchen, also Stäbchen mit 2 Umschlägen, wobei hintereinander *5 Stäbchen verdoppelt werden, dann eines in eine Einstichstelle kommt. Fortlaufend ab *wiederholen.

■ 4. Reihe: Dreifache Stäbchen, also Stäbchen mit 3 Umschlägen, wobei jedes 2. Stäbchen verdoppelt wird.

# Adventwolle

### Material

24 kleine Überraschungen
dicke Wolle in den gewünschten Farben
Stricknadeln in passender Stärke
Korb oder Schale
24 Sterne
Stift
24 Holzspieße
Klebstoff

Eine ganz reizende Idee für die Vorweihnachtszeit: ein Adventskalender für die begeisterte Strickerin. Wer möchte, kann in den Wollknäulen noch kleine Geschenke verstecken.

■ Die 24 Überraschungen mit der Wolle umwickeln und zusammen mit Stricknadeln in ein Körbchen oder eine Schale legen.

■ Die Sterne mit den Zahlen 1 bis 24 beschriften, an die Holzstäbchen kleben und in die Wollknäule stecken. Die Strickerin muss sich nun ihre kleine Überraschung erarbeiten, denn abwickeln gilt nicht.

### Tipp

Hübsche Ideen für selbst gemachte Körbe finden sich auf Seite 138 (Korb aus Zeitungen) und auf Seite 134 (Körbchen aus Eisstäbchen).

# Häkelblumen

## Material

Restwolle in Lavendelblau und Weiß
Häkelnadel Stärke 3,5
Stopfnadel

■ Mit der Häkelnadel einen Luftmaschenring aus 3 M häkeln, mit 8 festen M füllen und die nächste Rd mit 3 Luftmaschen beginnen.

■ Für die Spitzen der Sterne auf dem Luftmaschenring 2 feste M zurückhäkeln, eine feste M in den Ring häkeln, dabei wird die nächste Luftmasche übersprungen. Wieder 3 Luftmaschen für die nächste Spitze häkeln. Fortlaufend weiterarbeiten wie beschrieben.

■ Aus dem weißen Garn mit langem Anlauffaden 2 Luftmaschen arbeiten, ebenfalls einen langen Faden als Endfaden lassen. Diese Luftmaschen durch die Mitte der Sternenblümchen ziehen. Damit die Blumen an die weißen Äste binden.

## Variation

Verzieren Sie doch den Blumentopf mit Resten des Garnes und einem passenden Stoff!

# Freche Mäuse aus Filz

Grösse fertige Maus

Höhe: 6–7 cm
Breite unten: 4 cm

Material

kardierte Filzwolle in Grau
Olivenölseife
Moosgummi
Schere
Essigwasser
Filzstoff in Beige und Rosa
Lederband in Rosa
4 weiße und 4 schwarze Perlen
Rosshaar
Nähgarn in Braun
Nähnadel

Die lustigen Fingerpuppen sorgen für große Aufregung. Mäuse haben schließlich nichts in der Küche zu suchen!

■ Die kardierte Wolle in kleine Flocken zupfen und aus der Olivenölseife eine möglichst warme Lauge zubereiten. Die Filzwolle über einem Dreieck aus Moosgummi von 7 cm Höhe auf 4 cm Breite (unten) dachziegelartig auslegen, anfeuchten, die nächste Schicht über Kreuz auflegen, wieder anfeuchten, fortlaufend wiederholen, bis etwa 5–6 Schichten ausgelegt sind.

■ Leicht anfilzen, wenden und den gleichen Vorgang wiederholen, dabei die überstehenden Wollenden mit einklappen. So lange durch Druck und Seife anfilzen, bis sich die einzelnen Fasern nicht mehr lösen lassen, dann mit viel Druck kräftig walken.

■ Das Moosgummidreieck entfernen, dann die unteren Fransen nach innen klappen und festfilzen. Die Seifenlauge ausspülen, zum Schluss mit einem Schuss Essigwasser.

■ Nach dem Trocknen die Schwänzchen aus Leder annähen, aus dem Filzstoff je 2 Öhrchen zuschneiden und annähen, ebenso die weißen Perlen als Zähnchen und die schwarzen Perlen als Äuglein. Anschließend mit dem Garn eine Nase aufsticken und die Barthaare aus Rosshaar befestigen.

# Liebenswertes Schaf

MATERIAL

1 Styropor-Ei,
3 cm auf 4 cm
1 Styroporkugel,
10 cm Durchmesser
Filzstoff in Natur
kardierte Filzwolle in
Natur und Braun
Schere
Olivenölseife
Klebstoff

Es schaut mit leicht schief gelegtem Kopf aus dem Geschenkkarton und freut sich auf seinen neuen Besitzer.

■ Für den Kopf die naturfarbene Filzwolle in Flocken zupfen und das Ei umfilzen. Dazu die Wolle dachziegelartig um das Ei legen, anfeuchten und mit etwas Olivenölseife anfilzen. Ist das Ei vollständig umkleidet, werden die Augen, die Nase und der Mund mit der braunen Wolle aufgefilzt. Das Filz-Ei auswaschen und trocknen lassen.

■ Aus dem Filzstoff Streifen mit einer Breite von 6 cm zuschneiden, der Länge nach falten und mit einem Abstand von 1 cm bis auf 1 cm tief einschneiden, sodass Schlaufen entstehen.

■ 2 Ovale von ungefähr 2 cm Höhe für die Ohren zuschneiden. An den getrockneten Kopf nähen und aus einem Filzstreifen von 10 cm eine Krone drehen und aufkleben.

■ Für den Körper die Styroporkugel auf einer Seite abflachen und von unten spiralförmig gleichmäßig mit den doppelt gelegten Filzstreifen bekleben. Einen Fleck für den Kopf frei lassen, der dort mit Klebstoff eingefügt wird.

# Reizende Ballerinas aus Filz

Diese entzückenden Filzschühchen haben keine Naht, denn sie werden perfekt an den Fuß angepasst. Die rote Schleife ist ein hübscher kleiner Hingucker.

■ Aus der Noppenfolie mit einem Kugelschreiber die Schablone für den Fußabdruck im Profil aufzeichnen, plus einer Schrumpfzugabe von etwa 5 cm. Die Schablone ausschneiden und eine Kopie für den zweiten Schuh anfertigen.

■ Als Filzunterlage dient ebenfalls Noppenfolie. Die Wolle mit noch trockenen Fingern in Flocken zupfen, die grauen Flocken dann dachziegelartig auf die Schablone legen, die nächste Schicht quer zur ersten auflegen, wobei die Wolle ruhig überlappen darf (sie wird dann auf die Rückseite geklappt).

■ Mit Hilfe der Spülbürste die Wolle mit der warmen Seifenlauge befeuchten, mit der Hand herunterdrücken und leicht anfilzen. Die nächsten 5–6 Schichten mit naturfarbener Wolle auflegen und ebenso verarbeiten. Die Schablone mit der Wolle wenden, die überlappende Wolle einklappen und die Vorgänge auf der anderen Seite wiederholen. Den zweiten Schuh genauso arbeiten.

■ Wenn beide Teile gut angefilzt sind, wird die Schablone entnommen, die Schuhe werden nacheinander in ein Frotteehandtuch gewickelt und gründlich gewalkt. Am Fuß bekommt der Schuh dann seine endgültige Form.

■ Die Kanten mit der Zackenschere sauber zurechtschneiden, mit der roten Filzwolle einen Schmuckrand an der Oberkante einarbeiten und zusammen mit dem Rand filzen.

■ In Essigwasser ausspülen, das gibt einen schönen Glanz und bringt die Farben zum Leuchten. Zum Schluss das Satinband mit einer Schere zuschneiden, eine kleine Schleife binden und annähen.

### Material

kardierte Wolle in Natur, Dunkelgrau und Rot
warme Seifenlauge
Spülbürste
Noppenfolie
Kugelschreiber
Frotteehandtuch
Essigwasser
Zackenschere
Satinband in Rot
Schere

### Tipp

Bitte hierbei beachten, dass die Schuhe etwa um eine Schuhgröße schrumpfen, wenn sie gewalkt werden!

# Echt Spitze

MATERIAL

Filzstoff in Weiß, 3 mm dick
Spitzenreste Klebstoff
Schere
weißes Satinband
Nähgarn in Weiß
Nähnadel

Schlicht weiß und mit zarter Spitze verziert, so kommen diese schönen Weihnachtsanhänger daher. Sie schmücken garantiert jeden Weihnachtsbaum und jedes Geschenk aufs Vortrefflichste.

■ Aus dem Filz Kreise mit einem Durchmesser von etwa 10 cm oder nach Belieben zuschneiden. Die Spitzenmotive entsprechend zuschneiden und mit dem Klebstoff auf die Mitte der Filzkreise kleben.

■ Vom Satinband 14 cm abschneiden und doppelt an die obere Seite des Anhängers nähen. Ob Sie beide Seiten oder nur eine mit Spitze verzieren, bleibt Ihnen überlassen.

TIPP

Sollten Sie keine Spitzendeckchen haben, können auch Tortenuntersetzer aus Papier sehr hübsch aussehen.

# Weihnachtsanhänger

### Material

Filzstoff in Natur, 2 mm dick
farblich passende Pailletten
farblich passendes Satinband
bunte Perlenbänder
Schere
Klebstoff
farblich passendes Nähgarn
Nähnadel
Nähmaschine

Romantisch geht es zu bei diesen Weihnachtsanhängern, die durchaus auch als Adventskalender dienen können. Denn die Anhänger sind wie Täschchen genäht und lassen sich mit netten Kleinigkeiten füllen.

■ Aus dem Filzstoff Formen, wie auf dem Bild zu sehen, ausschneiden. Die Nähte zu zwei Dritteln schließen.

■ Die Pailletten entweder annähen oder ankleben, ebenso die Perlenbänder. Einige werden auch als Verzierung an die Enden der Filzanhänger und als Aufhänger an die oberen Enden genäht oder geklebt.

■ Die Anhänger mit dem Satinband, auf einer Länge von etwa 15 cm, aufhängen und nach Belieben füllen.

### Tipp

Für alle, die keine Nähmaschine haben: Sie können die Filzanhänger auch mit Klebstoff zusammenfügen.

# Herziges Täschchen

### Material

Reste von Karostoff
Reste von Blümchen- und Punktestoff in Rot-Weiß
Samtband oder Borte
Reißverschluss, 17 cm lang
Heftfaden
Heftnadel
Nähgarn in Rot und Weiß
Nähmaschine

Bei diesem liebevoll gestalteten Kosmetiktäschchen geht einem das Herz auf. Die Stoffapplikationen werden mit der Nähmaschine aufgesteppt.

■ Aus dem Karostoff 2 Rechtecke mit einer Länge von 21 cm und einer Breite von 13 cm zuschneiden. Aus den Blümchen- und Punkte-Stoffresten in 2 Größen je 3 Herzen zuschneiden mit einer Höhe von 3–3,5 cm.

■ Die Herzen und das Samtband auf einem der Rechtecke platzieren, feststecken und heften. Die Kanten der Applikationen mit der Nähmaschine eng umzackeln.

■ Anschließend beide Rechtecke kantengenau links auf links legen und die Seiten feststecken, drei Seiten zusteppen und das Ganze wenden. Nun noch den Reißverschluss einpassen, heften und einsteppen.

### Maße fertige Tasche

Länge: 19 cm
Höhe: 11 cm

# Lustige Äpfel

## Material

Karostoffe in Pink-Weiß
Punktestoffe in Hellgrün und Hellblau
passendes Nähgarn
Füllwatte
Filzstoff in Grün, etwa 3 mm dick
Stoff uni in Grün (oder Bastelfilz)
3 kleine Holzstäbchen
Nähmaschine

■ Alle Äpfel nach dem gleichen Prinzip nähen. Für das Unterteil je 1 Kreis mit 5 cm Durchmesser, für die Seitenteile 2 Trapeze zuschneiden.

■ Beide Trapeze jeweils an der 12 cm langen Seite zusammennähen. Das Unterteil an der kleineren Öffnung feststecken und annähen. Wenden und mit Füllwatte füllen, nicht zu prall.

■ Für die Vertiefung die obere Kante mit Heftstichen von Hand zusammenraffen und nach unten zur Mitte des Bodens führen.

■ Die Blätter, etwa 5 cm breit und 9 cm lang, aus Filz und grünem Stoff zuschneiden, zusammennähen, wenden und absteppen. Die Blätter an den Holzstab binden und in der Mitte fest annähen.

## Grösse fertiger Äpfel

Höhe: ca. 10 cm

## Grösse Trapez

Unterkante: 9 cm
Oberkante: 14 cm
Höhe: 12 cm
Alle Angaben sind inklusive Nahtzugabe.

# Blumengarten auf dem Schal

Der bunte, freche Schal mit den Blütenapplikationen ist nicht nur ein echter Hingucker, sondern auch eine fantasievolle Geschenkidee für alle, denen es zu langweilig ist, Blumen zu verschenken.

■ Aus den Blümchenstoff-Resten jeweils 18 ovale Blütenblätter für jede Seite des Schals zuschneiden; mit einer Breite von 2 cm und einer Länge von 3 cm (insgesamt entstehen 9 Blätter pro Blume). Die Blätter links auf links zusammennähen, dabei die untere Seite offen lassen, wenden.

■ Aus dem Filz 2 Kreise von jeweils 2 cm Durchmesser zuschneiden, die Blütenblätter leicht eingefaltet unter den Kreis heften und aufsteppen. Nun die beiden Blüten an die unteren Enden des Schals nähen.

■ Mit den grünen und roten Wollfäden im Kettstich die Stiele und Blätter aufsticken. Darunter eine Reihe Kreuzstiche mit der gelben Wolle sticken, und an das Ende der Stiele jeweils einen Knopf nähen.

■ Nun die beiden Stoffteile für den Schal links auf links legen, feststecken und bis auf eine 10 cm große Wendeöffnung zusammennähen. Wenden und zum Schluss die restliche Naht von Hand schließen.

### Material

Pünktchenstoff und Karostoff, je 150 cm breit und 35 cm lang
Reste von Blümchenstoff
Filzrest in Braun
Wollfadenreste in Rot, Grün und Gelb
4 karierte Knöpfe
Sticknadel
farblich passendes Nähgarn
Nähmaschine

### Tipp

Wer das Geschenk noch liebevoller machen will und Muße hat, kann zusätzlich eine kleine Wiese mit Blüten aus Knöpfen aufsticken.

# Geschenke für die Schönheit

Wellness und Spa sind die Schlagworte für Wohlfühlen in unserer eher hektischen Zeit. Die Sehnsucht nach der Einfachheit und dem guten Leben ist unermesslich. Was liegt da näher, als besonders liebenswerten Freunden ein besonders liebevolles Geschenk zu machen? Die besondere selbst gerührte Creme, die Badekugeln mit dem Lieblingsduft, die Seife mit den Blüten aus dem Garten oder vom Balkon oder das Massageöl mit Johanniskraut für die absolute Entspannung. Jedes dieser Rezepte ist einfach umzusetzen und bringt, hübsch verpackt, sicher Freude ins Badezimmer.

# Lavendelseife

### Ingredienzien

500 g Glycerin-Rohseife ohne Duft
evtl. 1–2 TL Olivenöl
10 Tropfen Lavendelöl
1 Tasse Lavendelblüten

Lavendelduft ist der Inbegriff für Sauberkeit. Was liegt da näher, als ihn in einer Seife zu bannen? Schnell und einfach hergestellt ist diese Seife eine schöne Idee für alle, die den altmodischen Geruch von Lavendel schätzen. Lagern Sie die noch unbenutzte Seife zwischen ihre Handtüchern, so breitet sich der Duft im ganzen Badezimmer aus.

- Die Rohseife im Wasserbad schmelzen, ein wenig abkühlen lassen und mit dem Lavendelöl verrühren. Wer auf besondere Pflege wert legt, kann noch 1–2 TL Olivenöl hinzufügen.

- Die Masse in eine rechteckige Form gießen, mit den Lavendelblüten bestreuen und diese fest drücken. Trocknen lassen.

### Tipp

Sehr nett sehen auch kleine Seifen in Herzform aus.

# Badekugeln

### Ingredienzien

50 g Kakaobutter
15 g Mulsifan (Emulgator)
100 g Maisstärke
170 g Zitronensäure
340 g Natriumcarbonat
7 Tropfen Mandarinenöl (oder ein blumiges Öl)

Ein himmlisches Geschenk für alle Badeengel – egal, ob männlich oder weiblich. Der Duft kann dem jeweils Beschenkten angepasst werden. Herren bevorzugen eher die herbe Note von Mandarinen oder Grapefruit, für die Damen kann es auch gerne blumiger sein.

■ Die Kakaobutter im Wasserbad schmelzen. Mulsifan (Emulgator) in die leicht abgekühlte Kakaobutter rühren.

■ Die Maisstärke, die Zitronensäure und das Natriumcarbonat mischen und in kleinen Portionen in die Kakaobutter rühren, dann das Mandarinenöl dazugeben. Die Masse verkneten und zu Kugeln formen.

■ Trocken lagern, damit die Kugeln aushärten können.

### Geschenkidee

Mit getrockneten Blüten in einer Klarsichttüte wird die Badebombe zu einem bombigen Geschenk.

# Badeöl mit Lavendel

### Ingredienzien

50 ml Mandelkernöl
einige Tropfen Lavendelöl
2–3 getrocknete Lavendelzweige
Schere

Das Wohlfühlbad mit den duftenden Blüten des Lavendels ist ein ideales Geschenk für alle weiblichen Wesen, die sich gerne ausgiebig in der Badewanne räkeln.

■ Das Mandelkernöl und das Lavendelöl miteinander mischen und in eine vorbereitete, saubere Flasche füllen.

■ Die Lavendelzweige der Größe der Flasche anpassen, ggf. kürzer schneiden und in die Flasche geben. Einige Tropfen davon in das warme Bad geben und sich wohlfühlen.

### Geschenkidee

In Seidenpapier gehüllt oder in einem Organza-Säckchen verpackt, verziert mit einem Lavendelzweig oder einigen Blüten, macht sich das Lavendelbad gut als Geschenk.

# Badesalz mit Algen

INGREDIENZIEN

100 g getrocknete Algen
1 kg grobes Meersalz
30 Tropfen Lemongrasöl

MATERIAL

Leinenstoff
Schnur

Das erfrischende Badesalz wirkt auf den Kreislauf belebend und fördert die Durchblutung. Schön verpackt kann man damit eine besondere Freude machen.

■ Den Leinenstoff in 10 Quadrate von 15 x 15 cm Größe zuschneiden. Je 10 g von den getrockneten Algen und je 100 g Meersalz zusammen mit einigen Tropfen Lemongrasöl in die Stoffquadrate einbinden. Das Rezept ergibt 10 Säckchen.

■ Die Säckchen (eines pro Bad) in das warme Badewasser legen und dann entspannen. Wer will, kann sich auch mit dem Säckchen abreiben. Der Peelingeffekt ist garantiert.

# Schnelles Zuckerpeeling

INGREDIENZIEN

150 g Zucker
5 TL grobes Meersalz
150 ml Olivenöl
einige Tropfen ätherisches Öl (nach Belieben Lavendel und Melisse)

Die Zutaten für dieses Zuckerpeeling finden sich sicherlich in jeder Küche. Aus diesem Grund bietet sich das Peeling als schnelles Geschenk in letzter Minute an.

■ Den Zucker und das Meersalz in einer Schüssel vermischen. Das Olivenöl mit dem ätherischen Öl vermengen und tropfenweise zur Zucker-Salz-Mischung geben, dabei gut umrühren, damit es nicht klumpt.

■ Das Ganze in ein hübsches Glas füllen und nach Belieben eine kleine Gebrauchsanleitung anhängen.

■ Das Zuckerpeeling beim Duschen oder nach dem Baden auf den Körper auftragen und mit kreisenden Bewegungen abreiben. Die Reste mit der warmen Dusche abspülen.

# Massageöl mit Johanniskraut

INGREDIENZIEN

15 g frische Johanniskrautblüten
250 ml Weizenkeimöl

MATERIAL

hübsche Glasflaschen

Wie wäre es mit einem Gutschein für eine Massage als Geschenk? Überreichen Sie ihn doch einfach zusammen mit diesem wunderbaren Massageöl mit Johanniskraut, das Erholung pur verspricht.

- Die frischen Johanniskrautblüten von den Stängeln ziehen und im Mörser leicht zerstoßen.

- Die zerkleinerten Blüten in ein sauberes, verschließbares Glas füllen und das Weizenkeimöl darübergießen.

- Bei Zimmertemperatur ziehen lassen, bis das Öl eine rote Farbe angenommen hat. Dann das Massageöl durch ein Leinentuch abseihen und in eine hübsche Flasche füllen. Möglichst dunkel und kühl lagern.

# Fußbalsam mit Pfefferminzöl

INGREDIENZIEN

50 g Mandelöl
40 g Eucerin
10 g Kakaobutter
6 g Lanolin
20 Tropfen Pfefferminzöl
2 ml Glyzerin
12 Tropfen Milchsäure

Das pflegende Balsam kann man in einem schönen Glas mit Etikett wunderbar an alle verschenken, die oft gut zu Fuß sein müssen.

■ Das Mandelöl, das Eucerin, die Kakaobutter und das Lanolin zusammen im Wasserbad schmelzen. Vom Herd nehmen und mit einem kleinen Schneebesen rühren, bis die Mischung ungefähr handwarm ist.

■ Nacheinander das Pfefferminzöl, das Glyzerin und die Milchsäure unterrühren.

■ Das Balsam noch warm in kleine Döschen oder Gläser füllen und verschließen. Hält sich kühl gelagert 3–4 Wochen.

MATERIAL

kleine Döschen oder Gläser

# Handbalsam für den Winter

INGREDIENZIEN

30 g Bienenwachs-granulat
25 g Kakaobutter
150 ml Mandelöl
10 Tropfen Zitronen-essenz
6 Tropfen Kamille-essenz
8 Tropfen Lavendel-essenz

Die reichhaltige Handcreme ist sicher immer ein willkommenes Geschenk für alle, die unter rauer Haut leiden.

■ Das Bienenwachsgranulat im Wasserbad schmelzen, die Kakaobutter und das Mandelöl hinzufügen und gut unterrühren.

■ Dann im kalten Wasserbad die drei Essenzen hinzufügen und das Balsam cremig rühren, bis alles nur noch handwarm ist.

■ In saubere Tiegelchen oder kleine gut verschließbare Gläser füllen. So hält es sich 3–4 Wochen.

# Glättendes Augengel

INGREDIENZIEN

1 TL Gel-Bildner
(Tylopur C 600)
20 ml destilliertes
Wasser
6 Tropfen D-Pathenol
1 Vitamin-A-Kapsel
6 Tropfen Walnussöl

Das spezielle Augengel versorgt die Augenpartie mit hochwertigen Wirkstoffen und verhindert so das Austrocknen. Ein nützliches Geschenk für alle, die gerade im Winter mit trockener Bindehaut kämpfen.

■ Den Gel-Bildner (um die Wasserphase zu verdicken) in dem destillierten Wasser auflösen, dann das D-Pathenol tröpfchenweise hinzugeben. Die Vitamin-A-Kapsel öffnen und den Inhalt hinzufügen.

■ Zuletzt das Walnussöl ebenfalls Tröpfchen für Tröpfchen hinzufügen und alles zu einer homogenen Masse verrühren.

■ Das Augengel in ein Tiegelchen füllen und nett verpacken. Es glättet übrigens auch kleine Augenfältchen und hält sich gut gekühlt 3–4 Wochen.

# Lippenbalsam

INGREDIENZIEN

10 g ungebleichte Bienenwachslinsen
1 Vitamin-E-Kapsel
1 TL Honig
6 Tropfen Olivenöl
evtl. 1 Tropfen Minzöl

Eine Lippenpflege ganz nach den Bedürfnissen der Beschenkten ist ein tolles Geschenk. Mit etwas Minzöl wird daraus ein erfrischendes Balsam, das für einen kusszarten Mund sorgt.

■ Die Bienenwachslinsen im Wasserbad schmelzen und etwas abkühlen lassen. Dann den Inhalt der Vitamin-E-Kapsel und die anderen Zutaten unter ständigem Rühren hinzufügen.

■ Das Lippenbalsam in ein kleines, verschließbares Tiegelchen füllen. Nach Belieben kann noch ein Tropfen Minzöl hinzugefügt werden, das erfrischt.

MATERIAL

In einem hübschen kleinen Karton verpackt wird daraus ein individuelles Geschenk für alle, die oft unter trockenen Lippen leiden.

# Orangenkranz

Material

14 getrocknete Orangenscheiben
Weidenrutenkranz
Blumendraht
5 Zimtstangen
Zange
Bänder in Blau und Braun

Der duftende Türkranz aus getrockneten Orangenscheiben bringt die Idee von Weihnachten in jedes Heim. Er ist darum ein schönes Geschenk für liebe Freunde in der Advents- und Weihnachtszeit.

■ Die Orangenscheiben dachziegelartig mit dem Blumendraht auf dem Weidenrutenkranz befestigen. Ein etwa 7 cm breites Stück für die Zimtstangen frei lassen.

■ Die Zimtstangen bündeln und mit dem Blumendraht festbinden. Die braunen und blauen Bänder durch den Kranz ziehen und auf gewünschter Länge zu einer Schleife binden. Eine weitere Schleife an den Zimtstangen befestigen.

# Orangen-Pomander

Material

Orangen, am besten unbehandelt
Gewürznelken
8 EL Zimtpulver
2 EL Iriswurzelpulver
1 EL geriebene Muskatnuss
1 EL Pimentpulver

Pomander sind leicht herzustellen. Die duftenden, mit Nelken gespickten Orangen können während der gesamten Vorweihnachtszeit Freude machen, denn sie halten sich sehr gut.

■ Die Orangen mit den Nelken spicken, entweder in einem Muster mit Ornamenten oder einfach in gleichmäßigen Abständen.

■ Die Gewürze und 4 EL Gewürznelken in einer Schüssel vermischen, die gespickten Orangen dazulegen und regelmäßig darin drehen, sodass die Gewürzmischung an alle Seiten gelangt.

Tipp

Die Orangen trocknen nach und nach aus und können als wunderbar duftender Weihnachtsschmuck verschenkt werden.

# Möbelpolitur

### Ingredienzen

2 unbehandelte Zitronen
Essig
2 Tropfen Olivenöl
kleine Baumwolllappen
Einmachgläser

Diese sanfte Möbelpolitur ist umweltfreundlich und ein praktisches Geschenk für alle, die herkömmliche Reinigungsmittel ablehnen. Außerdem sehen die präparierten Baumwollläppchen in den Einmachgläsern sehr hübsch aus.

■ Die Zitronen mit dem Sparschäler schälen. Den Essig mit der doppelten Menge Wasser und dem Olivenöl mischen.

■ Die Lappen mit der Politur tränken, ausdrücken und zusammen mit den Zitronenschalen in das Einmachglas legen.

### Tipp

Die Lappen kann man nach Belieben benutzen und anschließend waschen und erneut präparieren.

# Holzreiniger

INGREDIENZIEN

250 ml Malzessig
250 ml Terpentin
250 ml naturreines Leinöl
1 EL Zucker

Ein reizendes Geschenk für Liebhaber alter Holzmöbel, die sich über die graue Schicht ärgern, welche herkömmliche Holzpolitur meist nach einer Weile hinterlässt.

- Die Zutaten in eine gut verschließbare Flasche füllen und mit einem Warnhinweis „Vorsicht Reinigungsmittel" beschriften.

- Mit diesem Holzreiniger lassen sich alte Rückstände von Möbelpolituren, die das Holz grau und unansehnlich machen, entfernen. Einfach mit einem Lappen auftragen und abreiben. Der Reiniger säubert und pflegt das Holz.

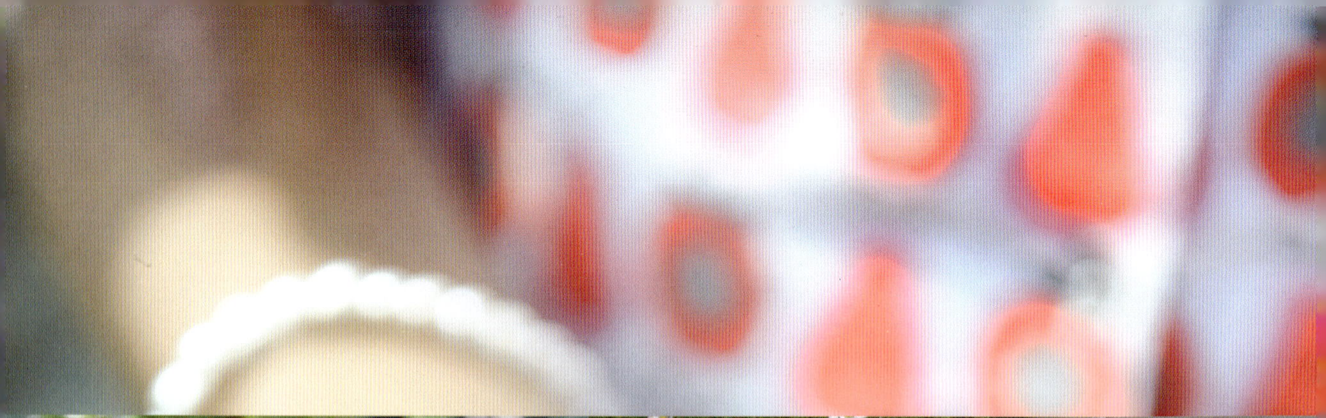

# Muttertag

In Deutschland feiert man immer am 2. Sonntag im Mai Muttertag. Die Tradition stammt aus der englischen und amerikanischen Frauenrechtsbewegung des frühen 20. Jahrhunderts. Ein schöner Brauch, denn was ist in dieser hektischen und technisierten Welt wichtiger als das Mütterliche, Fürsorgliche und Aufopfernde? Und nicht vergessen: Jede Mutter freut sich auch an den übrigen Tagen über ein kleines Danke!

# Geschenke für Haus und Garten

Was gibt es Schöneres als ein selbst gefertigtes Geschenk, bei dem man sicher ist, dass sich der Schenkende viele Gedanken gemacht hat? Egal, ob es sich dabei um die Blumen aus dem eigenen Garten oder um bemalte Türschilder handelt – sie bringen immer Freude ins Haus. Denn der Schenkende hat das geopfert, was die meisten Menschen am wenigsten haben: Zeit! Das macht diese Geschenke besonders wertvoll, ebenso wie die Tatsache, dass es sich niemals um ein Massenprodukt handelt, sondern um eine ganz individuelle, einmalige Anfertigung.

# Muttertagsherzen

MATERIAL

Moosherz als Tasche
Moosröschen oder
rote Rosen

Ein Herz mit Rosen ist immer eine Liebeserklärung, egal ob als Valentinsgeschenk oder zum Muttertag. Für den Beschenkten ist die Botschaft klar.

■ Die Moosherzen gibt es in unterschiedlichen Ausführungen, hier wurde einmal ein spitzes Herz mit Moosröschen gefüllt.

■ Das andere Herz trägt rote Rosen und sieht sehr edel aus. Auch eine Kleinigkeit an Schleierkraut oder Forsythien macht das Rosenherz zu einer besonderen Sache.

GESCHENKIDEE

Ein kleiner Anhänger mit einigen liebevollen Worten oder einem kleinen Gedicht machen das Geschenk perfekt.

# Blütentörtchen

## Material

Steckschwamm
Messer
große Blätter
große Stecknadeln
Muffinförmchen aus Papier oder Silikon
Blüten von Stiefmütterchen, Bellis und anderem, was der Garten so hergibt

Ein kleines hübsches Blümchen tut hier so, als wäre es ein Kuchenstück, und ist sicherlich ein wunderbares Mitbringsel aus dem eigenen Garten.

- Aus dem Steckschwamm mit dem Messer Würfel von 5 cm Kantenlänge zuschneiden.

- Die Schwammwürfel jeweils mit den großen Blättern umhüllen und diese mit Stecknadeln feststecken.

- Das Ganze in ein Muffinförmchen stellen und eine einzelne Blüte entweder von den Stiefmütterchen oder Bellis (Gänseblümchen) hineinstecken – ganz nach Geschmack.

- Sollen die Blüten länger halten, müssen die Steckschwämme vor dem Zuschneiden gewässert und für ein Papierförmchen in eine Plastiktüte gesteckt werden, oder man nimmt Muffinförmchen aus Silikon.

## Tipp

Als Geschenk können Sie die kleinen Törtchen auch auf einer Tortenplatte überreichen.

# Lavendelrausch für drinnen und draußen

### Material

Für den Kranz:
Lavendel
Salbei
Blüten in den gewünschten Farben
Blumendraht
Zange
Gartenschere
Paketschnur

Für das Säckchen:
getrocknete Lavendelblüten
besticktes Säckchen oder hübsches Stofftaschentuch
passendes Geschenkband

Lavendel besticht nicht allein durch seinen unnachahmlichen Geruch, sondern auch durch seine attraktive Optik. Hier wurde er zu hübschen Geschenken verarbeitet, einem Kranz und einem Duftsäckchen.

■ Für den Kranz den Blumendraht mit Salbei, Lavendel und den Blüten umflechten, sodass der Draht bedeckt wird. Stück für Stück Blüten und Kräuter dazunehmen und umwickeln. Ist die gewünschte Größe des Kranzes erreicht, kann man die Stängel auf die entsprechende Länge kürzen und den Kranz schließen.

■ Lücken lassen sich jederzeit noch nachträglich füllen. Den Kranz zum Schluss mit einer Schleife aus Paketschnur versehen.

■ Das Säckchen wird ganz einfach mit getrockneten Lavendelblüten gefüllt und ist ein reizendes Geschenk für alle, die unter Schlaflosigkeit leiden. Die getrockneten Blüten kann man auch in ein hübsches Taschentuch verpacken.

*Aus dem Garten*

# Dekorative Gartenstecker

Tipp

Sie können die Gartenstecker auch gleich in Töpfen mit den entsprechenden Kräutern verschenken.

Material

Holzstangen, Durchmesser 1,5 cm
Enden von Vorhangstangen
Lack in Weiß
Tontöpfe
Heißkleber
Pinsel
hübsche Bänder

Über diese freche Idee freuen sich bestimmt alle Gartenliebhaber, die mit diesen entzückenden Gartensteckern beschenkt werden. So können die Kräuter keinesfalls mehr verwechselt werden.

■ Zuerst die Holzstangen und die Vorhangstangenabschlüsse weiß streichen, dann die Tontöpfe beschriften.

■ Wenn die Farbe getrocknet ist, werden die Dekostangen zusammengefügt. Dafür die Tontöpfe auf die Stangen stecken und die Enden der Vorhangstangen anfügen. Mit dem Heißkleber festkleben. (Heißkleber eignet sich dafür besonders gut, da er eine voluminöse Klebemasse besitzt, die möglicherweise zu große Löcher in den Tontöpfen gleich mit auffüllt.)

■ Den Heißkleber auskühlen lassen und zum Verschenken die Gartenstecker mit einem hübschen Band zusammenbinden.

KERBEL
DILL
KAMILLE
LAUCH

*Für das Osterfest*

# Zauberhafte Perleneier

TIPP

Wenn es ganz schnell gehen soll, können Sie auch fertig gefädelte Schnüre mit Indianerperlen verwenden.

MATERIAL

Indianerperlen in den gewünschten Farben
Perlenschnur
Plastikeier
Holzleim
Pinsel
flache Strasssteine

Diese verwöhnten Eier tragen Perlen und sehen damit sehr edel aus. Es macht ein bisschen Mühe, die Perlen aufzuziehen, aber der Aufwand lohnt sich: Als außergewöhnliches Geschenk zu Ostern sind diese Perleneier unschlagbar.

- Die Indianerperlen auffädeln, dabei die Menge eher großzügig berechnen. Man kann zwar anstückeln, aber ausreichend lange Perlenschnüre sind besser zu verarbeiten – 1,5 m sollten im Allgemeinen reichen.

- An der Spitze beginnend einen kleinen Teil des Plastikeies mit Holzleim bestreichen und die Schnur kreisförmig um das Ei schlingen. Die Perlen sollten dicht an dicht liegen. Bis zum Ende arbeiten, dabei den Leim immer etwas antrocknen lassen, da die schon gewickelte Schnur sonst leicht verrutscht.

- Die beiden Enden der Perlenschnur mit je einem farblich passenden Strassstein verzieren.

# Holzenten

### Material

Holzplatte, ca.
1 cm dick
Laubsäge
Sandpapier, 100er
Körnung
kleiner Handbohrer
Schaschlikstäbe
Holzleim
Farbe in Gelb und
Orange
Pinsel

Die putzigen Holzenten watscheln fröhlich in der Blumenwiese herum, zieren aber auch gerne den Ostertisch oder die Fensterbank im Kinderzimmer.

■ Die Vorlagen (siehe Seite 166) auf das Holz übertragen. Die Körper und Füße mit der Laubsäge aussägen. Die Kanten mit Sandpapier etwas glätten.

■ In die Bäuche der Enten und in die Füße mit dem Handbohrer kleine Löcher bohren. Die Schaschlikspieße mit dem Holzleim zuerst jeweils in die Löcher im Bauch kleben. Dann die Füße an die beiden Seiten der Spieße kleben, dabei darauf achten, dass die Länge der Füße (ca. 4 cm) stimmt. Die Enten sollten gut stehen können.

■ Nach dem Trocknen des Leims die Enten anmalen. Wer will, kann ihnen auch noch Augen aufmalen.

# Häschen macht blau

MATERIAL

weiße Tasse
Bleistift
feiner Pinsel
Keramikfarben in Schwarz, Rot, Grün, Gelb, Rosa und Hellblau

Da hockt der kleine, hellblaue Hase auf der Tasse in einer Blumenwiese und wartet auf den großen Freund, der ihn dann im Garten versteckt.

■ Auf der Tasse den Hasen und die Blumen vorsichtig mit dünnen Bleistiftstrichen vorzeichnen. Die Umrisse in den entsprechenden Farben ausmalen und trocknen lassen. Die Bleistiftstriche entfernen und die Feinheiten in Farbe ausmalen. Die Blumen haben bunte Blütenkelche, das Häschen bekommt rosafarbene Innenohren.

■ Zum Schluss die Konturen in Schwarz aufmalen, dabei sehr vorsichtig vorgehen, denn man kann sie nur sehr schlecht wieder entfernen.

■ Nun die Tasse nach Packungsanweisung (ca. 30 Minuten bei 170 °C) im Ofen brennen.

*Für Weihnachten*

# Eisschalen mit Beerenzweigen

## Variation

Genauso lassen sich andere Formen mit Wasser und Beerenzweigen füllen. Sehr schön sehen Sterne in verschiedenen Größen aus.

## Material

2 Schüsseln mit unterschiedlichem Durchmesser
Steine zum Beschweren
Hagebuttenzweige
Beeren- oder Ilexzweige
Tannenzweige
nach Belieben Teelichter oder Stumpenkerzen

Eine vergängliche Geschichte sind diese hübschen zarten, aber auch eiskalten Gebilde. Hier wurden Beeren und Blätter eingefroren und zieren als Eisschale jetzt Balkon oder Garten.

■ Die beiden Schüsseln sollten sich im Durchmesser so unterscheiden, dass sie mindestens eine 3 cm dicke Eiswand in ihrem Zwischenraum bilden können. Die Schüsseln ineinander stellen und den Zwischenraum mit Wasser füllen. Damit die innere Schüssel nicht unregelmäßig nach oben steigt, sollte man diese mit Steinen beschweren.

■ In die Zwischenräume nun die Hagebuttenzweige und Beerenzweige, nach Belieben auch Tannen- und Ilexgrün stecken.

■ Nun müssen die Schalen in den Frost. Ist das Wasser durchgefroren, kann man die Schüssel entfernen. Zurück bleibt ein wunderbares, durchsichtiges Gebilde, das auch gerne als Windlicht genutzt werden kann.

*Für Weihnachten*

# Schutzengel aus Treibholz

Material

Klebeband
Bleistift
Holzstück, unten abgeschrägt
Dispersionsfarbe in Weiß und Rosa
Pinsel
Filzstift in Braun
Kokosfasern
Blumendraht
Blechflügel
Klebstoff
Zange

Ein Engel als Beschützer und Botschafter für den Frieden, der zudem aus recyceltem Material besteht, ist sicher eine gute Geschenkidee.

■ Aus dem Klebeband ein Herz schneiden, die Konturen des Engels mit dem Bleistift auf dem Holzbrett vorzeichnen und das Herz in die Mitte des Gewands kleben.

■ Das Gewand mit der weißen Dispersionsfarbe aufmalen, das Gesicht mit der rosanen. Nach dem Trocknen das Gesicht mit dem Filzstift aufmalen und die Haare, die aus Kokosfaser bestehen, mit dem Blumendraht anbinden. Die Engelsflügel ankleben.

■ Sollten sich keine fertigen Flügel aus Blech finden, so kann man sie auch aus einem Blechstück mit der Blechschere zuschneiden. Vorsicht bei den Kanten! Auch Flügel aus Blumendraht sehen sicherlich schön aus.

# Rindenstern

MATERIAL

Lineal, Bleistift und Papier
Baumrinde
Cuttermesser
Heißkleber
Paketschnur
kleine Nägel

Dieser Stern ist dekorativ und originell, denn er ist aus Rindenstreifen zusammengefügt.

■ Mit Lineal und Bleistift eine Sternform auf Papier zeichnen, sie sollte maximal 22 cm groß sein.

■ Die Rinde in Streifen von 7 cm Breite schneiden. Die Rindenstreifen hochkant entlang der Sternform legen. Die Streifen mit dem Heißkleber überlappend zusammenkleben und mit der Paketschnur fixieren. Die weiteren Schichten ebenfalls um den Stern legen, kleben und fixieren, bis die gewünschte Sterngröße erreicht ist.

■ Wenn der Stern eine Festigkeit hat, die Paketschnur entfernen und die Rindenstreifen mit kleinen Nägeln von innen und außen zusammennageln.

■ Als Aufhänger ein Stück der Paketschnur durchziehen und verknoten.

TIPP

Wenn Sie die Rinde nicht direkt von gefällten Bäumen abschälen, können Sie sie auch beim Floristen bekommen.

# Rindenwindlicht

MATERIAL

Birkenrinde
geradwandiges Glas
Filzstift
sternförmige Ausstechform
Cuttermesser
Klebstoff
evtl. Paketschnur
rote Kerze

Die wunderschöne Winterdeko aus Birkenrinde, die den Garten oder den Balkon zur Weihnachtszeit schmückt, ist ein außergewöhnliches Geschenk für Naturfreunde.

■ Zuerst die Birkenrinde dem Umfang des Glases anpassen. Mit dem Filzstift von der Ausstechform Sterne auf die Birkenrinde übertragen, dann vorsichtig mit dem Cuttermesser herausschneiden.

■ Die Rinde nun behutsam um das Glas biegen. Das geht einfach, denn die Rinde hat in der Regel noch die Wölbung des Baumstamms.

■ Zum Schluss die Rinde festkleben und bei Bedarf noch mit einer Paketschnur fixieren. Die rote Kerze in der Mitte platzieren, so gibt sie ein sehr schönes Licht.

# Goldkarten

**Material**

Klappkarte in dunklem Rostton
Tonpapier in hellerem Rostton
Pinsel
Anlegemilch
Blattgold
Stupfpinsel
Transparentpapier
goldener Kalligrafie-Stift
Klebstoff

Individuell und sehr edel sehen die vergoldeten Weihnachtskarten aus. Sie werden sicher wie kleine Kunstwerke behandelt werden.

■ Das Tonpapier etwas kleiner als die Klappkarte zuschneiden. Mit dem Pinsel die Anlegemilch so auf das Tonpapier auftragen, dass der Rand frei bleibt. Trocknen lassen.

■ Dann das Blattgold auflegen, mit dem Stupfpinsel vorsichtig andrücken. Das überflüssige Blattgold entfernen. Trocknen lassen.

■ Auf das Transparentpapier mit dem Kalligrafie-Stift in möglichst dekorativer Schrift fortlaufend die guten Wünsche schreiben. Dieses wie gewünscht zuschneiden, in die Mitte der Kartenvorderseite platzieren und festkleben. Die Tonpapierkarte auf die Klappkarte kleben.

# Sternenkarten

Material

Karten aus Büttenpapier
Bleistift
Blattgold
Anlegemilch
Pinsel
Stupfpinsel
Klebstoff
goldrote Borte
goldenes dünnes Geschenkband
rote Quaste

Die vergoldeten Sterne können Weihnachtskarten festlich schmücken. Eine hübsche Borte macht die Karte zu einem schönen persönlichen Gruß mit unverwechselbarer Note.

■ Den Stern passend zur Kartengröße mit dem Bleistift auf das Büttenpapier aufzeichnen. Den gezeichneten Stern mit der Anlegemilch bestreichen und trocknen lassen. Das Blattgold auflegen, mit dem Stupfpinsel vorsichtig andrücken und die Reste entfernen.

■ Die Negativform der Sterne kann ebenfalls verwendet werden, wie hier für die Karte im Vordergrund. Nach dem Trocknen die Borte wellenförmig um den Rand der Karte kleben.

■ Zum Schluss noch eine kleine Öse mit dem Geschenkbändchen gestalten. Daran wird die kleine Quaste gehängt.

*Für Weihnachten*

# Drahtschalen mit Perlen

### Tipp

Die Schalen lassen sich in beliebiger Größe anfertigen. Man muss nur darauf achten, dass der Draht gut verbunden ist.

### Material

Blumendraht
Perlen und Sterne in Kristallform
Zange
kleine Schüssel als Formgeber

Etwas Blumendraht und ein paar Perlen – mehr ist nicht nötig, um diese reizenden Schalen herzustellen. Eine schlichte Weihnachtskugel hineingesetzt, und schon ist ein kleines Weihnachtsmitbringsel fertig.

■ Die Perlen und Sterne in Abständen auf den Blumendraht ziehen. Den verzierten Draht um ein Glasschüsselchen als Formgeber herumwinden und -drehen.

■ Nicht vergessen, dass der Boden eben sein muss und das Ganze eine gewisse Haltbarkeit haben sollte. Also ab und zu die Drähte verdrehen, um Stabilität zu erhalten.

■ Die Perlen werden nach Wunsch dort eingefügt, wo sie besonders attraktiv wirken. Die Größe des Korbs ist abhängig von dem jeweiligen Formgeber.

*Zum Aufbewahren*

# Körbchen aus Eisstäbchen

TIPP

Sie können Eisstäbchen in großer Menge auch im Bastelbedarf kaufen.

MATERIAL

Eisstäbchen in großer Menge
Farbbeize in der gewünschten Farbe
Putzhandschuhe
Gitter (z.B. altes Gitter vom Backofen)
Holzleim

Sie essen gerne Eis am Stiel? Na dann mal los, denn für diese Schalen brauchen Sie schon eine ganze Menge Eisstäbchen. Aber das Sammeln lohnt sich: Es entstehen später schöne Schalen aus den Stäbchen.

■ Die Eisstäbchen in die Farbbeize tauchen (Handschuhe) und auf dem Gitter trocknen lassen.

■ Danach zuerst den Boden anfertigen. Dann in der gewünschten Form, vier-, fünf- oder sechseckig, die Eisstäbchen aufeinander kleben. Dabei müssen die Abstände genau eingehalten werden, dann wird die Form am schönsten.

■ Am einfachsten lässt sich die viereckige Form herstellen, aber mit etwas Übung auch die fünfeckige Schale. Sie wird besonders schön, wenn man sie nach außen versetzt arbeitet.

■ Eine weitere Möglichkeit besteht darin, die Form nach oben hin wieder zu verengen. Und am Ende hat man ein individuelles Designerstück zum Verschenken.

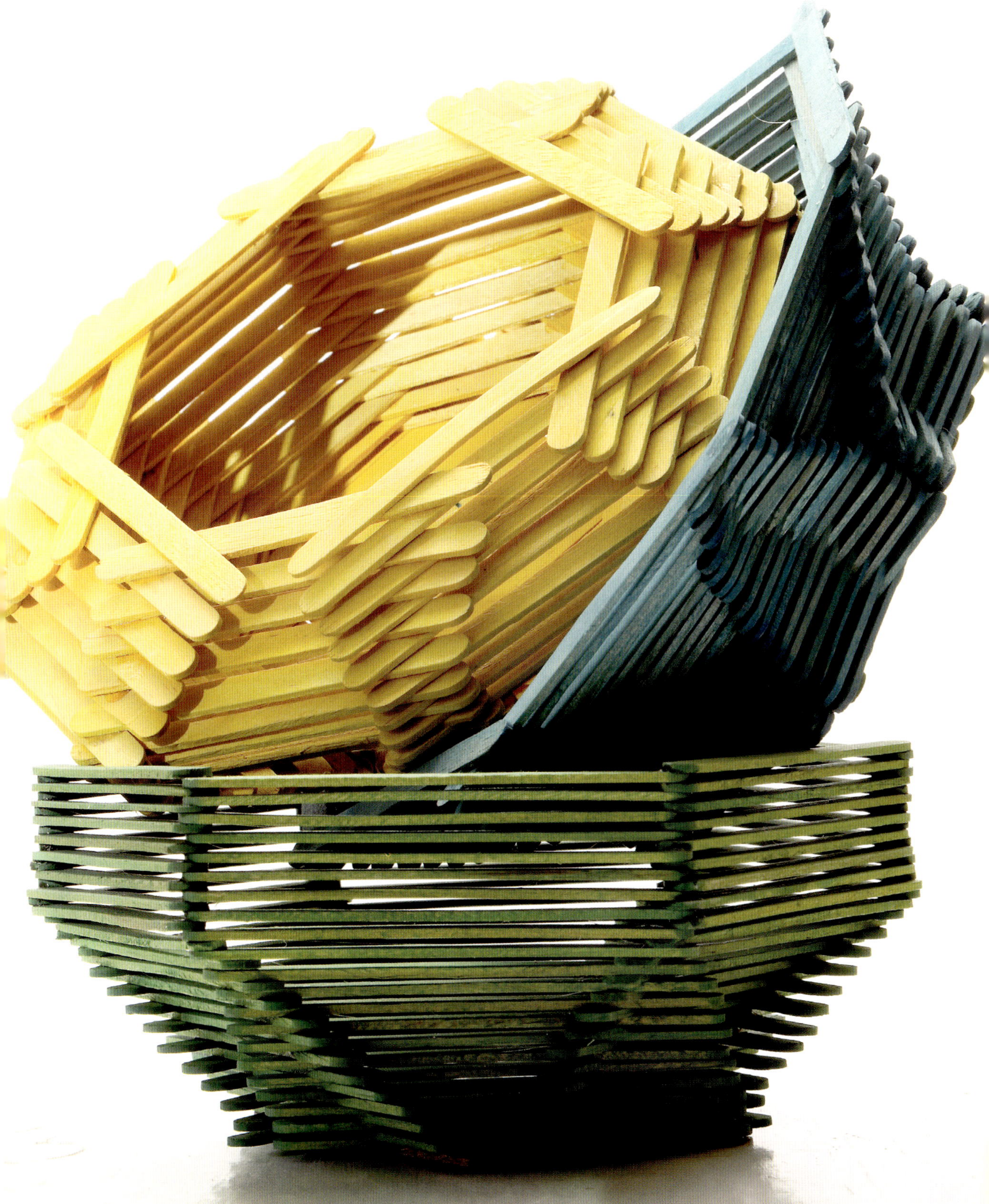

*Zum Aufbewahren*

# Dekokugeln aus Papier

## Tipp

Ganz Raffinierte packen vielleicht ein kleines Geschenk in die Mitte und lassen die Kugel offen.

## Material

Altpapier
Tapetenkleister
Pinsel

Telefonbücher, Tabellen, Zeitungen – alles, was nach kurzer Zeit seine Wichtigkeit verliert, kann hier zu einem hübschen Dekorationsobjekt werden.

■ Den Tapetenkleister nach Anweisung anrühren. Die Papiere über Eck zuerst mit Tapetenkleister bestreichen und falten, dann zu Streifen mit einer Breite von 1,5–2 cm falten.

■ Die Papierstreifen von innen beginnend aufrollen, dabei immer leicht versetzt arbeiten, sodass eine Halbkugel entsteht. Die Übergänge von einem Papier zum anderen können so sehr gut versteckt werden.

■ Sind zwei Halbkugeln fertig getrocknet, kann man sie mit einem Streifen zu einer Kugel zusammenkleben.

*Zum Aufbewahren*

# Korb aus Zeitungen

Es gibt nichts Vergänglicheres als Zeitungen, die Schlagzeile von gestern ist Vergangenheit und die Zeitung wird zu Altpapier – oder zu einem hübschen Korb, in dem man allerlei Geschenke verpacken kann.

- Zuerst die Zeitungsblätter möglichst eng um die Stricknadel rollen. Am Besten arbeitet man einige Rollen vor, die man mit einem Stückchen Klebestreifen fixiert

- Die ersten 14 Zeitungsstreifen über Kreuz flechten, sie sind die Halterungen, um die die anderen Streifen geflochten werden, wie beim Korbflechten.

- Die nächsten Streifen schneckenförmig um die Streben flechten, die sternförmig ausgelegt werden, sodass die Abstände nahezu gleich sind. Die Übergänge werden mit einem Stückchen Klebestreifen verbunden.

- Ist die gewünschte Bodengröße erreicht werden die Streben nach oben gebogen und das Flechtwerk entsprechend weitergeführt. Bei einer Höhe von 10 cm ist der Korb fertig und die restlichen Stücke der Streben werden auf der Innenseite in den Korb gesteckt.

- Den Deckel wie den Boden arbeiten, nur etwas größer. Zum Schluss 2 Henkel flechten und durch die Deckekmitte ziehen, dabei auf der Rückseite mit Klebestreifen fixieren.

### Material

Zeitungen
1 dünne lange Strick nadel
Klebestreifen

### Masse fertiger Korb

Durchmesser: 35 cm
Höhe: 10 cm

*Zum Aufbewahren*

# Pfiffige Türschilder

### Tipp

Den kleinen Schwamm können Sie sich beispielsweise mit der Schere aus einem größeren Tuchschwamm passend schneiden.

### Material

- selbstklebende Folie
- Cuttermesser
- 2 Holzbrettchen in der gewünschten Größe
- Tafelfarbe
- Stupfpinsel
- 4 kleine Nägel
- Paketschnur, evtl. in Rot-Weiß
- 1 Haken
- Schwamm
- Kreide
- Stoffherzen
- Klebstoff

Das hölzerne Türschild verrät, welche Vögelchen in diesem Wolkenkuckucksheim wohnen. Ein schönes Mitbringsel zum Einzug ins neue Heim.

■ Die Vorlage (siehe Seite 166) auf die selbstklebende Folie übertragen und mit dem Cuttermesser sorgfältig ausschneiden. Sollte Ihnen die Schrift zu kniffelig sein: Es geht auch ohne!

■ Die Folie auf das gewünschte Brett kleben und fest andrücken. Mit der Tafelfarbe die Negativform ausmalen. Trocknen lassen, dann erst die Folie abziehen.

■ Jeweils 2 kleine Nägel in die Seitenteile der Bretter oder in die Front nageln, die Paketschnur anbinden.

■ Für das große Brett den Haken an einer Seite anbringen und daran den Schwamm und die Kreide binden. Die Schnurenden mit den Stoffherzen verzieren.

Milch
Butter
Eier

# Geschenke verpacken

Geschenke sind ein Ausdruck der Wertschätzung und genauso sollten sie auch verpackt werden. Dabei ist es nicht wichtig, ob das Papier exakt gefaltet ist und ob die Schleife gerade sitzt. Vielmehr kommt es auf die Individualität und die Originalität an. Spanschachteln, Sisaltüten oder ganz einfach aus Zeitungspapier gefaltete Taschen kommen garantiert gut an. So mache Verpackung ist sogar selbst wie ein Geschenk und wandert nach dem Auspacken nicht in den Mülleimer. Auch hier soll auf Nachhaltigkeit gesetzt werden, die Wiederverwertbarkeit steht ganz oben. Für die meisten Verpackungen müssen Sie nicht einmal extra in die Papeterie, die Materialien finden sich in jedem Haushalt. Also, viel Spaß beim Verhüllen und Einwickeln.

# Gestempeltes Packpapier

### Tipp

Die Stempel verschönern genauso weihnachtliches Briefpapier samt den dazugehörigen Umschlägen.

### Material

Bleistift
4–5 große Radiergummis
Linolmesser
Packpapier
Stempelfarbe in Blau und Rot
rot-weiße Schnur

Einfaches Packpapier, Radiergummis, etwas Farbe und eine rot-weiße Schnur reichen – und schon ist das Geschenk ganz individuell verpackt.

■ Die gewünschten Motive (z.B. Hirsch, Tannenbaum und Schriftzug „Frohes Fest") von der Vorlage (siehe Seite 167) mit dem Bleistift auf die Radiergummis übertragen. Mit dem Linolmesser die Motive ausschneiden, dafür den umgebenden Radiergummi etwa 2 mm tief entfernen.

■ Das Packpapier mit den Motiven nach Belieben bedrucken – nebeneinander, versetzt, auf dem Kopf – und das Geschenk einpacken. Bei so einem reizenden Papier braucht es nur noch eine schlichte rot-weiße Schnur und das Päckchen ist wunderschön verpackt.

■ Sie können das Geschenk auch erst mit dem unbedruckten Packpapier einpacken und dann die Radiergummi-Stempel bewusst setzen.

FROHES FEST
FROHES FEST
FROHES FEST
FROHES FEST

*Geschickt umwickelt*

# Geflochtene Geschenkbänder

Tipp

Rustikal wird die Verpackung mit einem Flechtwerk aus Bast und Jutebändern.

Material

schlichtes Papier in Beige
Geschenkbänder in Weiß, Gold und Transparent
Stecknadeln
Klebstoff

Die Schleife ist immer ein Problem beim Verpacken. Auch mir geht es so, aber man kann auch gut darauf verzichten. Hier wurden wunderschöne Bänder einfach um das Geschenk geflochten und lassen es sehr edel aussehen.

■ Das Geschenk zuerst in das beige Papier einpacken, dann die Bänder in der gewünschten Art und Weise anordnen. Sie sollten auf der Rückseite etwas überlappen.

■ Es ist gar nicht nötig, das ganze Paket zu verhüllen, gerne dürfen auch die Längsseite und die Breitseite unterschiedlich verflochten sein. Hier können sehr schön Reste von hübschen Geschenkbändern, aber auch Borten und Stoffreste verarbeitet werden.

■ Die Bänder verflechten und auf der Rückseite mit Stecknadeln feststecken. Passt die Kombination, können die Bänder festgeklebt und die Stecknadeln wieder entfernt werden.

# Im Blumentopf versteckt

### Material

hölzerner Blumenübertopf
Tafelfarbe
Pinsel
Kreide
Marmeladengläser
rot-weiße Schnur

Ein hinreißendes Versteck für Einmachgläser ist der hölzerne Blumenübertopf, der hier auch noch mit einer vertafelten Seite aufwarten kann. So ist das Beschriften besonders einfach.

■ Die eine Seite des hölzernen Blumenübertopfes mit Tafelfarbe anmalen. Nach dem Trocknen die Beschriftung mit der Kreide vornehmen.

■ Das Marmeladenglas in den Blumentopf stellen und das Ganze mit rot-weißer Schnur umwickeln.

■ Sollten Sie auf die Tafelfarbe verzichten, sehen auch aus Packpapier zurechtgeschnittene Anhänger sehr hübsch aus. Ebenso weisen kleine Täfelchen aus Holz den Inhalt in schöner Form aus.

# Geschickt verhüllt

### Material

Marmeladengläser
Sisaltütchen
historische Wäscheklammern
Bänder in den gewünschten Farben
Schere
Holzschildchen
Schwemmholzstücke

Die kleinen Sisaltütchen verhüllen den Inhalt nur ein wenig und lassen noch einen Blick auf die kleinen Marmeladengläser zu.

- Die Marmeladengläser in Sisaltütchen packen und mit der formschönen historischen Wäscheklammer verschließen. Alternativ mit einem Band zubinden.

- Auf einem Holzschildchen kann die entsprechende Beschriftung vorgenommen werden. Als Verzierung bietet sich auch noch ein kleines Schwemmholzstückchen aus dem letzten Urlaub an.

### Tipp

Alte Holzwäscheklammern können Sie bei DaWanda erstehen.

# Schön eingetütet

**Material**

- Naturpapier in Grün
- Klebstoff
- Locher
- Holzstäbchen
- Aufkleber
- Kalligrafie-Stift

Eine hübsche Tüte ist das ideale Behältnis für Gewürze, Tees oder Kräuter. Die Tüten hier sind ganz schnell geklebt.

■ Die Tüte nach der Vorlage (siehe Seite 167) zurechtschneiden und falten. An den gekennzeichneten Stellen das Papier zusammenkleben, an den gegenüberliegenden Seiten lochen.

■ Die Tüte mit dem gedachten Geschenk füllen und mit dem Stäbchen schließen. Den Aufkleber mit dem Kalligrafie-Stift beschriften und aufkleben.

■ Besonders schönes Papier für Tüten bekommt man aus den Musterbüchern von Tapeten, aber auch jedes andere Geschenkpapier lässt sich zu einer Tüte formen. Witzig sehen beispielsweise die Tüten aus, die aus Comics geklebt wurden.

**Tipp**

Tees verpacken Sie am besten noch in eine Cellophantüte, bevor Sie sie in den Umschlag stecken.

# Mit Silber veredelt

## Material

schlichte Tüten in Natur
silberne Papierbordüren
Klebstoff
Schere

Die schlichten, naturfarbenen Papiertüten wurden hier mit einer Silberbordüre veredelt. Schon sehen sie aus, als hätten sie ein Krönchen auf …

■ Die einfachen Tüten werden gekürzt, sodass sie fast quadratisch sind. An den oberen Rand werden nun die Silberbordüren geklebt. So können sie gefüllt werden und gegebenenfalls noch mit einer Silberklammer verschlossen.

■ Sollten sie keine Silberbordüre finden, suchen Sie doch mal bei den Glanzbildern aus längst vergangener Zeit. Hier finden sich öfter schöne Bordüren, die sich ebenfalls gut zum Verzieren der Tüten eignen.

## Tipp

Anstelle der Bordüren können sie auch Tortendeckchen verwenden.

*Mit Schnur & Schild*

# Verschnürte Papierrollen

### Tipp

Paketschnüre, Bindfäden, Sisal und Bast erfahren hier ein Comeback.

### Material

schön beschriebenes Packpapier
Papprohren
Paketschnur
hübsches Etikett oder Ausdruck einer alten Briefmarke
Schere
Locher

In diesen Rollen kann man viel verstecken: Süßigkeiten, Halstücher oder zwischen etwas Holzwolle auch den Verlobungsring! Die Überraschung ist perfekt, wenn man dann wie bei einem Knallbonbon das Geschenk im Inneren findet. Ganz Findige versehen das Packpapier übrigens noch mit einer Liebeserklärung.

■ Wer sich besonders viel Mühe machen will, beschreibt das Papier selbst, vielleicht mit einem Gedicht, einer Geschichte oder einer Liebeserklärung.

■ Die Papprröhre mit dem Geschenk füllen und in das schön beschriebene Packpapier einrollen. Die Enden auf die gewünschte Länge kürzen und verdrehen. Die Paketschnur in der Mitte um die Rolle binden.

■ Für den Anhänger ein Etikett oder Ähnliches an einer Seite lochen, beschriften und an der Paketschnur in der Mitte der Rolle befestigen.

*Mit Schnur & Schild*

# Hübsche Filzänhänger

### Variation

Je nach Wunsch können Sie aus der Vielfalt der Plätzchenausstecher auch andere Formen für den Anhänger wählen.

### Material

Plätzchenausstecher in gewünschter Form
Phantomstift
Filzplatte in Grau, 2 mm dick
Schere
Schneidemesser
Nähmaschine
Nähgarn in Grau
Locher
Lederband in Weiß

Die hübschen Filzanhänger verschönern jedes Geschenk. Sie sind maschinenbestickt, aber auch ohne diese aufwändige Arbeit sehen sie sehr dekorativ aus.

■ Von den Plätzchenausstechern die Form als Vorlage nehmen und mit einem Phantomstift auf den Filz übertragen. Mit dem Schneidemesser kann gleich am Rand der Plätzchenausstecher entlang ausgeschnitten werden. Oder das Motiv mit der Schere ausschneiden.

■ Die Ränder der Filzanhänger mit der Maschine absteppen und nach Belieben ein Motiv – wie Herz oder Blume – in die Mitte steppen.

■ Die Anhänger oben in der Mitte lochen, das weiße Lederband (in passender Länge) durchziehen – und schon ist der Anhänger fertig.

*Mit Schnur & Schild*

# Verschnürt und versiegelt

## Variation

Auch ein hübscher gerollter Anhänger mit einem Siegel verschlossen sieht imposant aus.

## Material

Seidenpapier in Hellgrau
doppeltes Klebeband
Schere
Lederband in Rot
Seidenband in Rot
Geschenkband in Rot
Bindedraht in Rot
Siegellack in Rot
Siegel

Nicht jeder ist perfekt im Schleifenbinden, da ist diese Verschnürung ideal. Die Lederbänder, Drähte und Bänder werden einfach mehrmals um die Pakete geschlungen und dann mit Siegellack fixiert.

- Die Geschenke in das Seidenpapier packen und mit dem doppelseitigen Klebeband verkleben, so spart man sich die unschönen Klebestreifen.

- Die Schnittstellen mit dem Siegellack verzieren. Dazu den Siegellack an einer Kerze erwärmen, auf die gewünschte Stelle tropfen lassen und das Siegel in den flüssigen Lack drücken.

- Wer möchte, kann den Siegellack an die Enden der Bänder platzieren statt in der Mitte des Pakets.

*Natürlich verpackt*

# Spanschachteln mit Bastverschluss

VARIATION

Bast bietet sich als natürliches Material auch als Band für Lebensmittel wie die Vanillestangen hier an.

MATERIAL

Spanschachteln in Natur
evtl. etwas Holzwolle
Büttenpapier
evtl. Kalligrafie-Stift
Klebstoff
Bast
Wachteleier, ausgeblasen
weiße Federn

Die schlichten Spanschachteln erinnern etwas an die Shaker-Schachteln, die durch ihre spartanische Art bestechen. Mit ein bisschen Bast und einigen Wachteleiern mit Federn wird daraus eine ganz besondere Verpackung.

■ Die Spanschachtel füllen, auch hier kann man dem Geschenk ein Bett aus Holzwolle oder Bast machen.

■ Das Büttenpapier entsprechend etwas kleiner als die Schachtel zuschneiden und beschriften. Ein Gedicht oder Glückwünsche machen sich sicherlich gut, wenn sie in schöner Schrift verfasst werden. Ein Kalligrafie-Stift kann dabei gute Dienste leisten.

■ Das Papier aufkleben und die Geschenkschachtel mit dem Bast verschnüren, dabei ein- bis zweimal umwickeln. Das Wachtelei durch das Ende des Bandes ziehen und mit einer Feder verzieren.

*Natürlich verpackt*

# Papiertasche aus Zeitungen

Das Material ist kostenlos und recycling-fähig, die Optik ist bestechend. Und stabil ist diese Tasche obendrein …

■ Die Tasche wird um ein Buch herumgefaltet, welches die Größe und Form der Tasche vorgibt. Zuerst das Zeitungspapier so doppelt falten, dass es gut die Breite des Buches hat. Dabei auf eine ansprechende Optik der gewählten Zeitungsseite (Anzeigen, Fotos, Schriftzüge etc.) achten.

■ Die Zeitung längs um das Buch falten, die eine Seite einklappen und festkleben, die andere Seite als überlappende Lasche ebenfalls einklappen und festkleben. Sollte das Papier nicht reichen, kann gut angestückelt werden. Die restlichen Seitenteile einschlagen, wie beim Verpacken eines Geschenks.

■ Nun eine doppelte Zeitungsseite so falten, dass ein langer Henkel als Streifen daraus werden kann, der zudem ganz um die Tasche führt und den Seiten Halt gibt. Dieser Streifen muss so breit sein, wie das Buch dick ist. Als Henkel ankleben, dabei um das gesamte Täschchen führen. Den Klebstoff trocknen lassen und dann kann die Papiertasche als Verpackung benutzt werden.

### Material

Zeitungsseiten, gerne auch ausländische
Buch als Formgeber
Klebstoff
Packpapier
Locher
Paketschnur

### Geschenkidee

Ein kleiner Geschenkanhänger aus Packpapier, gelocht und mit Paketschnur festgebunden, zeigt, wer hier von wem beschenkt wird.

IN DER WARTESCHLEIFE
DES EISENBAHNMUSEUMS
IN LJUBLJANA ERKLINGT
EINE KLEINE NACHTMUSIK
Polizisten als illegale

*Natürlich verpackt*

# Steine aus Pappmaschee

Diese Steine sehen schlicht und elegant aus, sind ganz leicht herzustellen und verbergen einen Schatz bzw. ein Geschenk in ihrem Inneren.

■ Das Seidenpapier in etwa 3 x 3 cm große Quadrate reißen. Den Tapetenkleister nach Gebrauchsanweisung anrühren und ausquellen lassen.

■ Den Stein teilweise mit Tapetenkleister einpinseln, die Seidenpapierstücke dachziegelartig auflegen und immer wieder mit dem Pinsel und etwas Kleister befestigen – Stück für Stück arbeiten.

■ Ist die Vorder- bzw. Oberseite ganz mit Papier verhüllt, den Stein auf einen Eierbecher oder ein Glas legen und die Rück- bzw. Unterseite bestücken.

■ Das Pappmaschee trocknen lassen, dann in die obere Seite ein Loch schneiden und den Stein entnehmen.

■ Die herausgeschnittene Pappmaschee-Hälfte als Deckel verwenden. Dazu diese auf den Stein legen und an den Kanten wieder mit dem Papier etwas vergrößern. Nach dem Trocknen die Kanten beschneiden und mit einigen Papierstücken an die Steinform kleben. Nach Belieben füllen.

■ Mit dem Sisalband und einem gestempeltem Anhänger versehen wird aus dem papiernen Stein eine interessante Verpackung, die anschließend auch noch nützliche Dienste leisten kann.

## Tipp

Suchen Sie als Formgeber schöne große Steine aus, die einen Durchmesser von 7–10 cm haben.

## Material

Für die Steinschachteln:
Seidenpapier in Grau
Tapetenkleister
Pinsel
Gefäß
großer Stein
Schere

Für die Anhänger:
Anhänger
Stempel mit Apfelmotiv
Stempelfarbe in Rostrot
Sisalbänder

# Register

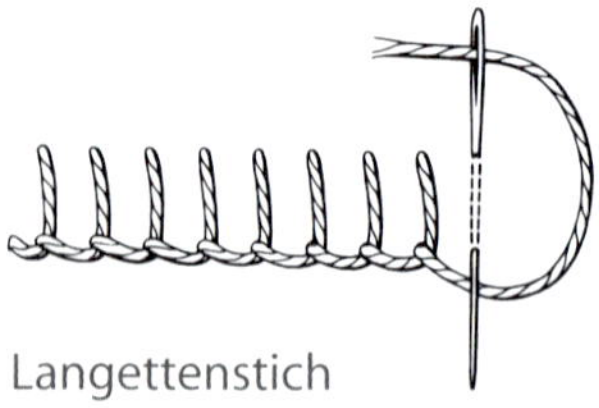

Langettenstich

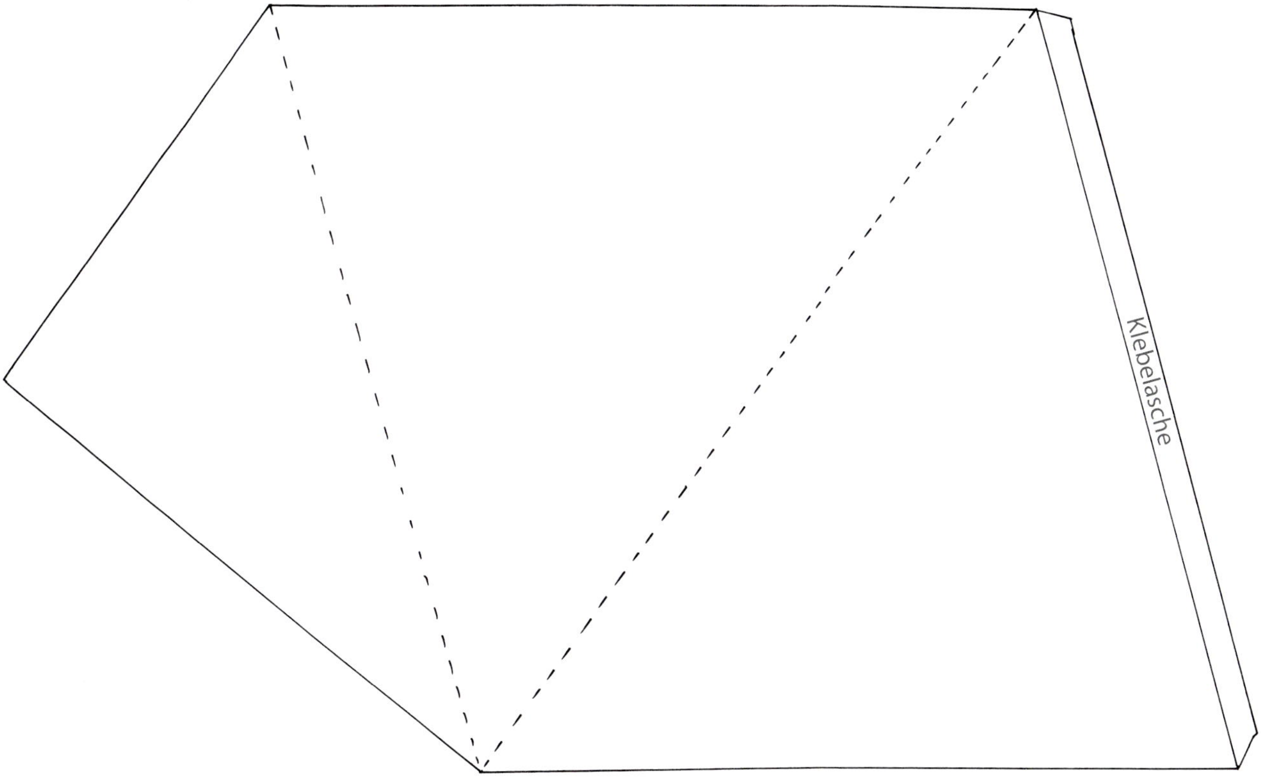
Klebelasche

FROHES
FEST

Bildnachweis

Michael Eder
S. 8, 10 re, 47, 60, 61, 66 li, 67, 68, 69, 70, 71, 72, 73, 74 beide, 75, 76, 80 beide, 81, 84, 85, 90, 91, 92, 93, 105 li, 129, 134 beide, 135, 136 beide, 137, 138, 139, 140 beide, 141, 142 alle, 148, 149, 150, 151, 160, 161 alle, 162, 163

Florapress
S. 4 o und mitte, 21, 57, 78 alle, 79, 82, 83, 88, 89, 100, 101, 104, 105 re, 107 o li, 113, 115, 116 alle, 117, 144, 145

Fotolia
U1 kl li, mitte, re, U4 re, S. 6 kl li, 9, 10 mitte, 15 re, 16 beide, 18, 25 beide, 26, 28 beide, 30, 31, 35 re, 36 beide, 38 li, 39 re, 41 re, 45 re, 48 re, 50 beide, 52 li, 58, 66 mitte, 94 re, 96, 98, 99 li, 108, 110 kl alle, 112 li, 112 mitte, 118 beide, 152, 154 beide, 165

Annette Hempfling
S. 114 beide, 120, 121, 122, 126, 127, 130, 131 beide, 132, 133, 146, 147, 156, 157

iStockphoto
S. 10 li, 11, 38 re, 39 li, 42 re, 43 re, 44 re, 64 kl alle, 66 re, 86, 87, 95, 109 beide, 112 re

Living4Media
S. 153, 155

Shotshop
S. 94 li und mitte, 97, 107 o re, 107 u

Stockfood
U1 gr, U4 li, mitte, S. 4 u, 5 alle, 6 gr, kl mitte und re, 7, 12, 13 beide, 14, 15 li, 17, 19, 22, 23 beide, 24, 27, 29, 32, 33, 34, 35 li, 37, 40, 41 li, 42 li, 43 li, 44 li, 45 li, 46, 48 li, 49, 51, 52 re, 53 beide, 54, 55, 56, 59, 63, 64 gr, 65, 77, 99 re, 102, 103, 110 gr, 111, 119, 123, 124, 125, 143, 158, 159


Gesamtherstellung: Tandem Verlag GmbH, Potsdam


Lektorat: Kathrin Gritschneder
Layout und Gestaltung: Christine Paxmann text • konzept • grafik, München



ISBN 978-3-8427-1113-6